JN170139

忘れられたマイノリティ

迫害と共生のヨーロッパ史

関 哲行 Seki Tetsuyuki
踊 共二 Odori Tomoji
著

山川出版社

忘れられたマイノリティ

迫害と共生のヨーロッパ史

目次

忘れられたマイノリティ

迫害と共生のヨーロッパ史

はじめに

歴史は勝者が書き、書かれなかった事実は忘却の淵に沈められる。敗者や弱者、各種のマイノリティは、そうして忘れられた人々である。その知られざる世界を再現して可視化する作業は、伝統的な歴史学の前提を疑い、欠けているものを補うという明確な意図をもつ。本書は忘れられたマイノリティ、言い換えれば「見えない人々」の生活と内面を追う歴史研究をライフワークとしてきた二人の歴史家が綴る、知られざるヨーロッパ史である。

とくにわれわれのまなざしは、宗教的な理由で迫害され、故郷を追われながら、地を這うように生きた人々に向けられている。二〇〇〇年前、ユダヤ教を批判して登場したキリスト教は、「アムハアレッツ」（地の民）に救いの手をさしのべるかにみえた。しかし歴史上のキリスト教会は、世俗権力と結びついた時点で、マジョリティの宗教という色彩を強めた。「アムハアレッツ」は「アムハアレッツ」にとどまり、歴史の闇に封じ込められたのである。もちろん権力と階層的秩序の内側にありながら、民衆に寄り添い、信頼を勝ち取った聖職者たちもいた。そうでなければキリスト教は、今日まで存続しえなかったであろう。

本書の諸章は、二人の著者が交互に別々の独立したテーマを論じたものである。しかしそれらは、いわば研究の対話篇を成している。読者はこれらの諸章をとおして、ヨーロッパおよびヨーロッパと接続する世界の歴史のなかに、時間と空間を超えて横たわる宗教的マイノリティを、広く深く位置づけることができるはずだ。おもな研究対象とする時代は中世後期から近世(十五〜十八世紀前半)であり、考察は三つの一神教(キリスト教・ユダヤ教・イスラーム)にまたがる。この時代に注目するのは、イベリア半島からのユダヤ人追放やドイツ宗教改革などの歴史的大事件が、無数のマイノリティ集団を生み出したからである。対象とする空間も、ヨーロッパを中心にアフリカ、アメリカ、日本を含むアジアなど多岐にわたる。マジョリティ社会の迫害にさらされた宗教的マイノリティは、大航海時代以降のグローバルなヒト・モノ・情報の移動を背景に、「地上の楽園」を求めてヨーロッパ内部のみならず、世界各地へ拡散した。

国民国家やマジョリティ社会の支配的宗教を分析単位とする伝統的歴史学は、改宗と再改宗を繰り返しながら、グローバルに移動する宗教的マイノリティを十分に把握する手段をもたなかった。その欠を補い、また自覚的に宗教ないし宗派を選択する自立した個人や社会集団を重視する、宗教社会学の限界と有効性を視野におさめつつ、宗教的マイノリティも組み込んだ新たな歴史像を提示することが、本書の主要な目的である。

本書の構成について述べれば、まず序章においてわれわれは、はたしてヨーロッパはキリスト教世界なのかを再検討する。そして第Ⅰ部の三つの章においてヨーロッパの宗教史を鳥瞰し、その多様な様態・動態を確認しながら、マイノリティ集団を発生させた事件の数々を追っていく。続く第Ⅱ部の六つの章は、諸宗教の「境界」に生きた改宗者・再改宗者・信仰秘匿者・亡命者たち(個人および集団)の足跡を追い、彼らの行動・生活・内面世界を掘りさげて論じたものである。このうち第4、6、8章はスペインと地中海世界――支配的宗教はカトリックとイスラームである――の宗教的マイノリティを対象とする。第5、7章はプロテスタントが大きな勢力を築いたドイツ語圏のそれを扱い、第9章はドイツ語圏から北米に渡ったマイノリティをテーマとする。これら双方の世界を「相互浸透」させることによって、宗教的マイノリティ現象の同時並行性を浮き彫りにすることが、われわれの意図である。

スペインと地中海世界、アルプス以北のヨーロッパと北米世界といった空間的枠組みを重視したい読者は、第4章→6章→8章、第5章→7章→9章という順序で読み進めることもできる。終章は非ヨーロッパ世界に目を転じ、宗教の伝播・受容・変容・拒絶・融合などの諸相を検証し、日本を含む忘れられたマイノリティの研究に、世界史的地平ないしグローバルな視野を与えようとするものである。

本書はイベリア半島、地中海、ドイツ、スイス、フランスとその周辺、南北アメリカの事例をおもに扱っており、アジアについても、フィリピンや日本を検討対象としている。視野は広くとったつもりである。しかし、東欧・ロシア方面など、著者たちの研究上の制約ゆえに論じられなかった地域も多く、より広範な共同研究を実現させたいと願っている。それでも強調しておきたいのは、研究が進んでいるはずの西欧や地中海世界においても、かくも多様な忘れられたマイノリティ、「見えない人々」が発見されることである。

マジョリティ社会の差別と偏見にさらされ、改宗と再改宗を積み重ねて、宗教(宗派)間移動を繰り返す宗教的マイノリティ。こうしたマイノリティを可視化し、グローバルな歴史のなかに組み込むことなしに、マジョリティ社会の特性を把握することは困難であり、異文化や異宗教(宗派)間の相互理解や多文化共生を実現させることもできないであろう。

関　哲行

踊　共二

序章　ヨーロッパはキリスト教世界か

ヨーロッパはキリスト教世界だといわれる。しかしそれはヨーロッパのマジョリティであるキリスト教徒の主張ないし理想像であり、日本は仏教国だというのに似ている。どちらも間違った主張とまではいえないが、歴史と現在の状況の両方を単純化しすぎている。仏教徒でない日本人がいるのと同じように、キリスト教徒でないヨーロッパ人がいることをまず確認しておきたい。古代からユダヤ人(ユダヤ教徒)は南ヨーロッパに定住していたし、ムスリム(イスラーム教徒)は八世紀にイベリア半島の大半を支配した。

二十世紀には豊さを求め、あるいは難民として、多くの非ヨーロッパ世界の人々が、新たにヨーロッパに一時滞在ないし定住するようになった。例えば、すでに一九〇四年には、スペイン領モロッコ都市メリーリャ(十五世紀末以降、スペインの支配する都市)に、キリスト教徒・ユダヤ人・ムスリムに加え、少数ながらインド人ヒンドゥー教徒が居住している。メリーリャは現在もスペイン領で、EUの最南端に位置する。その対岸の英領ジブラルタル経由で、英領インド人が定住したものと思われる。第二次世界大戦後には、英仏の旧植民地の非キリスト教徒住民がヨーロッパ諸都市に定住しており、一時期、非ヨーロッパ世界に移っていたユダヤ人も、ヨーロッパに回帰している。ヨーロッパは決してキリスト教一色ではない。この地は古くから複数の宗教がせめぎ合う世界であったし、その点において現在も大きな変化はない。

古代の遺産

ヨーロッパ社会は、いうまでもなく古代ギリシア・ローマの宗教の影響を受けている。例えばクリスマスにプレゼントを交換する習慣は、ローマの農耕神サトゥルヌスの祭典に由来するといわれる。サトゥルヌスはギリシア神話ではクロノスであり、この神は「時」を支配する。ヨーロッパ人の「時」の観念は、多くの面で古い宗教あるいは神話と結びついている。中世の『時禱書(じとうしょ)』(暦と祈りの書)の挿絵には、戦車(チャリオット)に乗って太陽を運ぶヘリオス神を配したものがある。「星座」も描かれており、それらはギリシア神話にもとづいている。魚座の二匹の魚は、アフロディーテ(ヴィーナス)とエロス(キューピッド)の仮の姿である。

古代の遺産としてイシス神も重要である。エジプト起源のイシス神は、きわめて古い地母神(じぼしん)であり、

▲メリーリャの城塞

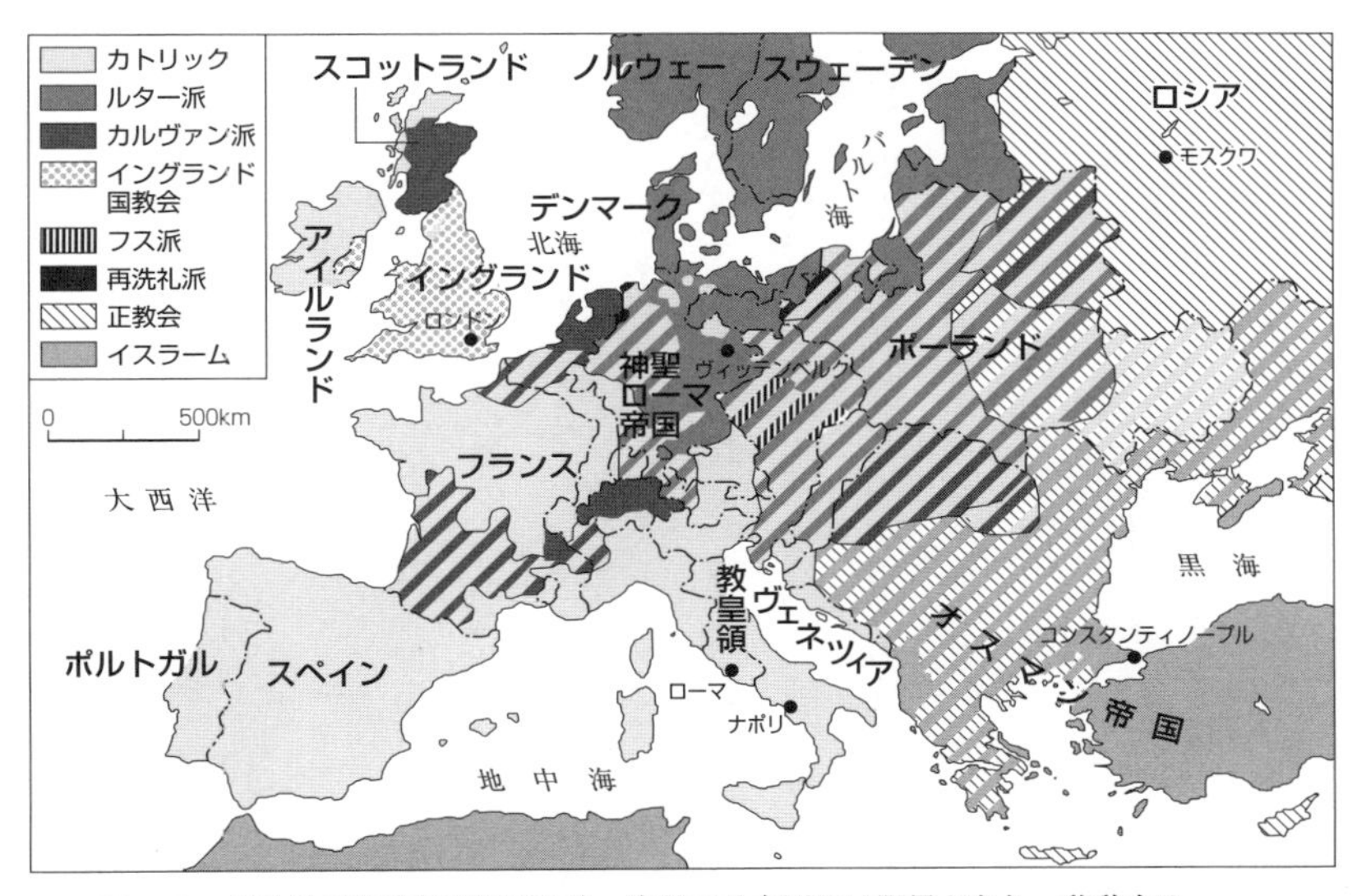

▲ヨーロッパ世界の宗教(16世紀半ば)　宗教の分布図には限界があり，移動するマイノリティや改宗者・再改宗者は図示することができない。ただし，近世ヨーロッパおよび近接する世界の宗教的モザイク状態が宗教的マイノリティの発生を促したことは容易にみてとれる。

ローマ帝国をはじめ古代地中海各地で崇敬された。そのイシス神の子で、太陽と生命の神として受容されたのが、ホルス神である。一世紀に聖ペテロが埋葬されたヴァティカヌスの丘(現在のヴァチカン、サン・ピエトロ教会)の地下墳墓の発掘調査によれば、そこにはホルス神のフレスコ画が確認され、ホルス神と関係の深いイシス神のそれも発見される可能性がある。スペインのサンティアゴ教会も同様であり、聖ヤコブの遺骸を安置した主祭壇には、新石器時代の巨石文化、ローマ時代のユピテル神殿との連続性が認められる。ローマ、イェルサレムと並ぶキリスト教界の三大巡礼地の一つ、聖地サンティアゴ[二六頁]も、古代以来の神聖な地に立地しているのである。

ギリシア人とローマ人は、さまざまな動物や怪物の伝説をもっており、『イソップ物語』には擬人化された動物が登場し、ギリシア神話には半人半獣の神々があらわれる。神々は普通の動物にも姿を変える。牡牛に変身してフェニキアのエウローペを連れ去ったゼウスの物語が好例である。彼らの動物観とキリスト教の被造物観のあいだには大きな距離がある。しかしながら、古代ヨーロッパの多神教の遺産はさまざまなかたちで保持され、中世人そして近世人のイマジネーションの世界に生きつづけたのであった。

古代ゲルマン人やケルト人の多神教も、ヨーロッパの人々の生活と信仰を左右しつづけた。キリスト教の聖地のなかには、フランスのルルドのように泉と結びついているものがあるが、これはケルト人の水源信仰に由来するとされる。古代ケルト人は、聖なる泉には治癒と復活の力があると信じていた。ふたたびクリスマスに注目すれば、常緑のツリーを飾る習慣はゲルマン人の樹木信仰に遡る。

中世ヨーロッパには聖人像を辱(はずか)しめ、折檻(せっかん)する奇習があり、中世後期に教会によって禁止されたが、近世まで残存した。これは古代の異教徒たちが神々に供物と祈りを捧げ、その代償として神々の加護を強く願う心性を受け継いだものだという。古代人たちは、神(々)と人間のあいだに互酬関係をみていたのであった。中世カトリック世界の聖人崇敬と古代の多神教の連続性については、ドイツの宗教改革者マルティン・ルターがすでに明確に指摘しており、その筆致は現在の歴史家や民俗学者の分析を先取りしている。

ユダヤ人とムスリム

よく知られているように、ユダヤ人はイスラエル(パレスティナ)だけに住んでいたわけではない。紀元一~二世紀に遡るディアスポラ(離散)以来、彼らはヨーロッパにも移り住んでいた。主たる定住地はスペインとドイツであり、スペインを中心とする地中海世界(イスラーム世界を含む)のユダヤ人はセファルディーム、ドイツや東ヨーロッパのユダヤ人はアシュケナジームと呼ばれた。セファルディームはスペインを意味するヘブライ語のスファラド、アシュケナジームはドイツを意味するヘブライ語のアシュケナズに由来し、同じユダヤ人であっても宗教儀礼とオーラル言語を異にした。中近世のセファルディームはロマンス語(中世スペイン語など)やアラビア語、ラディーノ語(ロマンス語にアラビア語やトルコ語、ヘブライ語などが混淆したもの)を使用する一方、アシュケナジームはイディッシュ語(中高地ドイツ語にスラヴ語やヘブライ語を加味したもの)を主に使用した。

中世ヨーロッパにおいて最初に彼らを守ったのは、キリスト教会であった。ユダヤ人を改宗させ、キリスト教の正しさを示す目的もあった。中近世ヨーロッパのユダヤ人のなかには、国王や貴族に仕えて財務を助け、大規模な国際商業や金融業、徴税請負に従事する宮廷ユダヤ人(皇帝や国王、スルタン側近の有力ユダヤ人)も一部にみられた。しかし、こうした宮廷ユダヤ人は例外であり、多くのユダヤ人は小売商人や手工業者として、都市の一区画(ユダヤ人街)でつましく暮らしていた。反ユダヤ運動が激化した中世末期になると、ユダヤ人は特定の地区に「閉じ込め」られ、ゲットー化が進んだ。スペインでは一四九二年にユダヤ人に、改宗か追放かの二者択一を迫るユダヤ人追放令が出され、多くのユダヤ人が改宗を余儀なくされて、コンベルソ(改宗ユダヤ人)となった。他方、ドイツでは農村に住み、キリスト教徒と混住するユダヤ人も確認される。いずれにしても、ヨーロッパはキリスト教徒だけのものではなく、ユダヤ人のものでもあった。

ムスリムも長い間ヨーロッパに住みつづけている。周知のように彼らは、八世紀にイベリア半島に進出し、イスラーム国家を樹立した。十五世紀末~十六世紀の第1四半期、カトリック両王(カスティーリャ女王イサベル一世とアラゴン王フェルナンド二世)は、スペイン最後のイスラーム国家であるナスル朝グラナダ王国を攻略し、ムデハル(キリスト教徒支配下のムスリム)追放令を発した。多数のムデハルが改宗を強制され、この時からモリスコ（改宗ムスリム）の苦難の歴史が始まる。ヨーロッパの東に目を向ければ、そこには強大なイスラーム国家がその後も存在しつづけた。オスマン帝国である。その支配領域では、ムスリムに改宗したヨーロッパ人キリスト教徒も少なくない。ブルガリア人やボスニア人、アルバニア人などである。

キリスト教化とは

ヨーロッパ史の研究者は、しばしば「キリスト教化」という用語を使う。例えば古代ローマ帝国によるキリスト教の国教化（四世紀）、アイルランドの修道士コルンバヌスの大陸伝道（六世紀末）、フランク王国のカール大帝による教会の組織化（八世紀末以降）、グレゴリウス改革（十一世紀）などがキリスト教化の枠組みで語られてきた。十六世紀の宗教改革とカトリック改革も、異教的習俗の根絶という課題に関してはそれ以前のキリスト教化の課題を引き継いでいるといわれる。この時代すなわち近世には、宗派（教派）が分立していたから、キリスト教化は現実には「宗派化」の様相を帯びていたと論じる研究者もいる。ただしそれらの試みはおおむね失敗したと説く歴史家も多い。

それでは、いったいヨーロッパはいつキリスト教化され、本当のキリスト教世界になったのであろうか。その答えは、どのような基準をたてるかによる。何をもってキリスト教化の完成とみなすかによって、結論は異なるのである。政治権力がキリスト教を国教化して住民に強制する体制を築いた時点を、キリスト教化の到達点とみなすのも一つの基準である。神学者たちによる教義の体系化や公会議による信条（信仰告白）の制定、礼拝式の統一なども基準になりうる。しかし、先祖伝来の異教を信じつづける民衆や異教的習俗を保つ集団は、ヨーロッパ各地に残った。意識的に体制派とは異なる教義を奉じる勢力もいた。そのため彼らの「教化」が不断の課題になる。これが成功しなければキリスト教化は達成されないと考えれば、二十一世紀のいまもそれは未完のままだといえるかもしれない。

　そもそも宗教には二つの領域がある。神学者や高位聖職者を担い手とする教義およびそれに対応する組織体制の領域と、一般信徒の生活および内面の領域である。後者は個人や集団の体験する事件、地方的な伝統、社会のあり方、自然環境、競合する他宗教の有無などに大きく左右される。言い換えれば、それは生きる場の宗教である。この領域について実証研究をおこなう歴史家たちには、キリスト教化は未完であるという結論を出す傾向が強い。しかし、キリスト教の教義体系が他の宗教の遺産や慣習を「根絶」するかたちで、一般信徒の生活と内面に定着したかどうかを問題にせず、その教えの核心的な部分、例えばキリストによる罪の贖い（あがない）と霊的救済（死後の魂の救済）の教えなどが、受容されているか否かを基準にすれば、結論はおのずと違ってくる。この場合、ヨーロッパ人の多くは、はるか昔にキリスト教化されたといえるかもしれない。それは難解な仏典を深く理解していない人でも、因果応報（いんがおうほう）や輪廻転生（りんねてんせい）、解脱（げだつ）（成仏）などの根本教義を受け入れていれば仏教徒とみなされるのと同じである。

変化するキリスト教

「キリスト教化」という用語を使う人は、キリスト教それ自体が歴史的に変化していることを忘れがちである。その歴史的変化はゆっくり生じることもあれば、劇的に起こることもあった。例えば、中世のキリスト教神学が古代ギリシアのアリストテレス哲学と結びつく過程はゆっくりとした変化であった。ルネサンス時代にはプラトン主義がキリスト教思想のなかに新たに流れ込んだが、それも激変とまではいえないものであった。これに対して、異教的哲学との結びつきを批判し、聖書的な根拠のないカトリック教会の慣行や組織を打破しようとしたプロテスタントの宗教改革は、まさしく急激な変化であり、激震と呼びうるものであった。

信徒たちと直接向き合う在俗聖職者は、こうした変化への対応を迫られながら、別の問題にも取り組んでいた。異教時代の信仰や習俗、例えば呪術・占いなどへの対処である。これは禁止と弾圧だけでは効果はなかった。災害や疫病、戦争の影におびえる民衆は聖なるものに具体的な助けを求めているのであり、聖職者は祈りや儀式によって、また説教や告解(こっかい)(告白)の際の助言によって処方箋を与えなければならなかった。そこでは否応なく、聖職者自身が呪術的世界に接近する局面もあった。害虫(例えばイナゴ)に「破門」を宣告して追い払う儀礼はその一例である。死産した嬰児(えいじ)を一時的に蘇らせ、洗礼を可能にしてその魂を救う聖職者や産婆が民衆の支持を集めた地域もある。例えばアルザスやスイス西部である。この行為は近世には異教的であるとして禁止されたが、その跡地で発掘された嬰児の骨は生活世界のキリスト教の姿を伝えている。遺骨の数の多さは、遠方からも死産児を抱いた父母たちが来訪していたことを推測させる。付言すれば、死産児に洗礼を施す儀式は近世日本の「かくれキリシタン」の世界にもみられた。

民衆信仰(民間信仰)は古い多神教やアニミズムを内包しているが、キリスト教・ユダヤ教・イスラームといった一神教が確立すると傍系の扱いを受けるようになった。しかし、唯一絶対神の教えと民衆信仰の「相互浸透」なしに、一神教は民衆の内面をとらえられなかったであろう。東西のキリスト教史を丹念に研究すれば、キリスト教会が民衆と向き合うなかでしばしば対応を変えてきたことがわかる。かつて認めてきたことを禁止したり、黙認したり、ふたたび公認したりしているのである。例えばギリシア正教会は、八世紀の聖像破壊令を貫徹することができず、最終的に聖像すなわちイコンを許容して現代にいたる。十六世紀、感覚的な手段を用いて神を礼拝することは許されないとして讃美歌を廃止し、オルガンさえ撤去したチューリヒの改革派教会が結局それらを復活させたのも、一般信徒への配慮からであった。こうした揺らぎについては、カトリックもプロテスタントも大差はない。中近世の宗教世界を深く理解するには、こうした変化や動揺に注目する視点が必要である。

越境者たち

複数の宗教の遺産がせめぎ合うヨーロッパにおいて、宗教間の境界を越える改宗者や再改宗者がい

モリスコの踊り(クリストーフ・ヴァイディッツの『民族衣装の書』より)　ドイツの画家ヴァイディッツは，カール５世(カルロス１世)に仕え，スペインに滞在している。この経験がなければ，鮮やかな色彩の装束をまとって独特のしぐさで踊るモリスコの一群をヨーロッパの民族衣装図鑑に加えることはなかったであろう。

た事実にも留意する必要がある。コンベルソやモリスコは、その典型である。多くが強制改宗であったことから、彼らのなかには古い信仰や習俗を秘匿する者が少なくなかった。またスペインからの脱出と亡命の果てに父祖の信仰に戻る者も確認される。

東方に目を向ければ、十七世紀のシャブタイ派のユダヤ教徒たちのイスラーム改宗、この派の流れをくむトルコの一派ドンメーの信仰秘匿(ムスリムを偽装したユダヤ教信仰の維持)、さらにはイサーク・ルリアのユダヤ神秘主義やメシア(救世主)思想と結びついて形成された、シャブタイ派の一部にみられるカトリック改宗の事例も、注目される。宗教間の境界を絶対視することはできない。

十六世紀以降、ヨーロッパのキリスト教は宗教改革の動乱によって四分五裂の状態に陥っていた。近世のカトリック教会はプロテスタント諸派を偽りの宗教とみなし、対決姿勢をとりつづけた。プロテスタント側も同じである。近世ヨーロッパにおいては、キリスト教の内部にも宗教の違いと感じられるほどの差異と敵対関係が生じていたのである。もちろん、それと同時に、相互の越境現象も起きていた。改宗や再改宗である。異宗派婚の事例もヨーロッパのあちこちに見つかる。それはエリートの世界でも民衆の世界でも起こっていた。前近代の民衆は権力者に従順で、自発的に宗教を変えることなど不可能だったと考えてはならない。生存のために宗教を変える選択をする人たちもいれば、遠い国からやってくる異宗派の伝道者たちに感化され、改宗者となる人々も存在したのである。

その具体例は、ドイツ、スイス、オランダから東欧、ロシア、北米大陸にまで広がった再洗礼派(幼児洗礼を否定し、個人の宗教的自覚を重視するプロテスタントの急進派)運動にみられる。ただし彼らは古い信仰や慣習を全面的に棄てたわけではない。どうしても変えなければならないと彼らが確信した要素を変えただけである。異端のレッテルを貼られる小集団の成員には、一般社会および伝統的宗教との接点はないと思い込んではならない。どんなに特殊にみえる宗教的マイノリティも、それぞれの時代と地域の生活を背負った信徒の集まりである。そうした集団は地下活動や亡命の旅をへても、出身地域の風土と歴史に根ざす観念や心性、言語や伝承を保つことがあるのだ。その場合、宗教的マイノリティはエスニック・マイノリティに近い性格をもつことになる。

宗教問題を原因として形成されたマイノリティを研究する際には、この序章で述べたようなヨーロッパ理解が必須の前提となる。宗教的境界はヨーロッパの随所で錯綜して存在しており、各種のマイノリティはマジョリティの居住地のただなかに住んでいた。ある地域のマジョリティの出身者が別の地域に住んで、マイノリティとして迫害を受けるケースもあった。マイノリティ自体が分裂を繰り返す現象も、あちこちにみられた。まさにモザイク化である。極端な場合には、家族が分裂状態に陥ることもあったから、それはモザイク化というよりアトム化といえるかもしれない。そうしたモザイク化とアトム化のなかで、マジョリティとマイノリティの世界は結びつきをもち、相互に浸透し合っていたともいえる。

第1・2章では、中近世ヨーロッパにおける諸宗教の交錯の実例を示し、民衆信仰の世界に分け入りながら、宗教的マイノリティが「どこ」から生まれてくるのか、その歴史的環境を具体的に浮き彫りにしてみたい。

以上のように中近世ヨーロッパは三つの一神教がせめぎ合う世界であるばかりか、それぞれの一神教もその内部において多様性を包摂していた。その一方で、古い多神教の要素も随所に残っており、それらの多様な要素のあいだで絶え間なく対立と宥和（ゆうわ）、そして相互浸透が生じてきた。これこそヨーロッパの宗教の歴史的な現実にほかならない。

〈関 哲行・踊 共二〉

第Ⅰ部　ヨーロッパの宗教

キリスト教・ユダヤ教・イスラームは、地中海世界とその周辺に成立した「三つの一神教」であり、十字軍や反ユダヤ運動に端的に示されるように、激しい対立の一方で、共存の長い歴史をもつ。「三つの一神教」においてアダムは、始源の人類とされ、神と契約を交わしたアブラハムは、共通の祖先とされる。ユダヤ教最大の預言者モーセは、アブラハムとサラの息子イサークの子孫であり、イエスもその系譜に連なる。イスラーム最大の預言者ムハンマドは、アブラハムとハガルの息子イシュマエルの末裔（まつえい）とされ、カーバ神殿はアブラハムとイシュマエルによって建立されたのであった。アダム、アブラハム、モーセは神に命じられて「巡礼」を実践したといわれ、共通の歴史認識と巡礼の記憶が「三つの一神教」をつなぐのである。

こうした「共属意識」と巡礼の記憶が、シンクレティズム（習合現象）を引き起こす。アブラハムの墓所とされたイェルサレム南部の聖地ヘブロンの「マクペラの洞窟」には、キリスト教会とモスクがあり、キリスト教徒とムスリム（イスラーム教徒）のみならず、ユダヤ人（ユダヤ教徒）も巡礼ないし参詣した。イエスの墓所である聖墳墓教会、ムハンマドゆかりの「岩のドーム」、第二神殿の残滓たる「嘆きの壁」（西壁）を擁するイェルサレムも同様で、各地から「三つの一神教」の巡礼者を蝟集させた。

類似の宗教現象は、中世のアンダルス（イスラーム・スペイン）やシリアでも確認される。聖人の遺骸を祀ったスペイン南部ウエルバ近郊のラ・ラビダ修道院には、モサラベ（ムスリム支配下のキリスト教徒）やムワッラド（キリスト教からイスラームに改宗した新ムスリム）、ムスリムが現世利益を求めて巡礼ないし参詣した（ユダヤ教やイスラームは巡礼と参詣を区別するが、煩雑さを避けるため、本書では以下巡礼と表記する）。終末（メシア〈救世主〉思想や最後の審判と密接な関わりをもつもので、歴史の終焉を意味する宗教概念）の舞台となるダマスクスの聖山カシオン山も同様で、キリスト教徒・ユダヤ人・ムスリムが霊的救済を求め、ともに巡礼したのであった。

「三つの一神教」に共通する巡礼は、単なる空間移動（旅ないし観光）ではない。巡礼とは回心による霊的救済や現世利益を期待して、巡礼者が神・預言者・聖人ゆかりの聖地を経巡る「苦難の長旅」「贖罪の旅」であり、移動をともなう宗教儀礼にほかならない。宗教的性格を濃密に帯びた空間移動とはいえ、巡礼は船や道路といった移動手段、宿泊施設なしには実現できず、移動をともなう余暇活

▲「嘆きの壁」と「岩のドーム」

▲ヘブロンにある「マクペラの洞窟」

動(観光)という一面も内包していた。聖と俗の両面をあわせもち、生地と聖地を往還する巡礼は、往路と還路において異なった相貌を見せる。聖地をめざす往路は、回心のための「苦難の長旅」であり、それは「異界との接点」「聖なる中心点」たる聖地において頂点に達した。還路は「聖なる中心点」から離脱し、世俗的心身を回復する「精進落としの旅」(観光)となり、巡礼者は居酒屋や遊郭に立ち寄りながら、生地への帰還を急ぐ。したがって巡礼は、俗↓聖↓俗の過程をたどる、回心のための通過儀礼ということができる。

このように巡礼は「共属意識」に支えられた、「三つの一神教」(プロテスタントを除く)に共通の宗教現象であるが、以下では、もっとも民衆的性格が強いとされるサンティアゴ巡礼、中南米のインディオ巡礼、ユダヤ人ラビのモーシェ・バゾーラのパレスティナ巡礼を例に、巡礼と民衆、マイノリティの関係について、具体的に検証したい。

サンティアゴ巡礼

サンティアゴ巡礼はローマ、イェルサレムと並ぶ中世ヨーロッパの三大巡礼の一つで、スペイン北西部の聖地サンティアゴ・デ・コンポステーラ(以下サンティアゴと略記)をめざす「回心の旅」を指す。聖地サンティアゴの中心サンティアゴ教会には、十二使徒の一人、聖ヤコブの遺骸が祀られており、サンティアゴ(Santiago)の語も、聖ヤコブ(サント・ヤコブ Santo Jacob)に由来する。

伝承によれば聖ヤコブは、スペインでの福音伝道に従事したのち、七人の弟子をともなってパレスティナへ帰還した。帰還後、彼は病気治癒や死者の復活などさまざまな奇跡をおこない、多くのユダヤ人を改宗させたが、それがユダヤ人大祭祀との対立を深める原因となった。ユダヤ人大祭司はロー

サンティアゴ教会

巡礼者を救済する聖ヤコブ

マ兵を買収して聖ヤコブを逮捕・投獄させ、四四年、キリスト教迫害で知られるヘロデ王により斬首された。殉教した聖ヤコブの遺骸は、七人の弟子によって小舟に乗せられ、埋葬地は神の御手（みて）に委ねられた。聖ヤコブの遺骸と七人の弟子を同乗させた小舟は、聖ヤコブが生前布教した、スペイン北西部ガリシア地方の海港都市イリアに漂着した。イリアに漂着した聖ヤコブの遺骸は、海岸の巨石を蠟（ろう）のように押し曲げ、空中を飛翔したばかりか、イリア東方のサンティアゴに落下して、埋葬地が啓示されたのであった。

その後長い間、聖ヤコブの墓所は忘れられていたが、八一四年、隠修士の前に天使があらわれ、異様に明るい星を介し、聖ヤコブの墓所を指し示した。大理石で覆われた聖ヤコブの墓が「発見」され、その上にサンティアゴ教会が建立された。聖ヤコブの墓「発見」の朗報は、イスラーム軍の侵攻に苦しむヨーロッパ各地に伝えられ、八三四年のクラビーホの戦いでは、「キリストの戦士」聖ヤコブが白馬にまたがって天から舞い降り、約七万のイスラーム軍を殲滅（せんめつ）したという。

これらの奇跡譚には、巨石や竜、星などガリシア地方の異教的習俗と、そのシンボルが多数組み込まれており、それが四世紀のプリスキリアーヌス伝承とあいまって、サンティアゴ巡礼への民衆の強い共感を醸成した。プリスキリアーヌスは女性への聖職解放、神との直接的交感を主張し、ガリシア地方の異教的習俗を体現した司教であった。しかしドイツのトリーアに召喚され、異端者として処断された。一二人の弟子たちは、彼の遺骸をソンポール峠越えのローマ道（のちのサンティアゴ巡礼路）

を利用して、聖地サンティアゴに運び、同地に埋葬したと伝えられる。プリスキリアーヌスは「殉教者」としてガリシア民衆の崇敬を集め、民衆信仰の対象ともなった。

キリスト教の浸透が遅れたスペイン北西部は、自然崇拝や豊饒儀礼、悪魔払いなどの異教的習俗が長期にわたって保持され、ドルメン（巨石文化の一種の支石墓）や洞窟は異教の神々や祖先の霊が集結する聖所とされた。ローマがガリシア地方を属州とした一～二世紀、ガリシア地方の軍事・交通上の要衝サンティアゴには、ユピテル（ジュピター）神殿が建設され、宗教的中心地機能も担った。そればかりではない。聖地サンティアゴは、日常的生活圏（ヨーロッパ大陸）の西端、「原初の海」（大西洋）との境域に位置し、異界へと連なる「地の果て」（フィニス・テラーエ）であった。「地の果て」は、日没に象徴される宇宙的な生と死の舞台、その死が翌日の黎明とともに蘇生する奇跡顕現の場所、要するに「聖と俗」「彼岸と此岸」をつなぐ「聖なる中心点」にほかならなかった。

民衆を中心にさまざまな階層から構成されるサンティアゴ巡礼者は、病気治癒や貧困からの脱却などの現世利益と霊的救済を求め、十二使徒最初の殉教者たる聖ヤコブに、神への執り成しを祈願した。キリスト教神学によれば、聖ヤコブは神と巡礼者の仲介者にすぎず、奇跡の作動者ではない。しかし民衆にとって聖ヤコブは、崇敬される聖人ではなく「神」そのものと映じた。現世利益と霊的救済、とりわけ前者を獲得するには、寄進や祈りを介した奇跡の作動者＝「神」聖ヤコブとの「互酬関係」が必要であった。「苦難の長旅」による回心も、そのための手段にほかならない。「一神教」とされるカトリックにおける「多神教的傾向」、現世利益の重視、還路における「観光的心性」の浮上。これらが異教ないし異端的習俗、「地の果て」のメタファー（隠喩［いんゆ］）、聖ヤコブの奇跡譚と一体化して、聖地サンティアゴの聖性を強化し、十二世紀以降ヨーロッパ全域から、言語やエスニシティを異にする多くの民衆を引きつけたのである。

「神の貧民」とされたサンティアゴ巡礼者のなかには、病人や貧民が多数含まれており、そのための施療院が各地に建設されたことから、サンティアゴ巡礼路は中世ヨーロッパ最大の「慈善空間」と化した。パリからでも片道一六〇〇キロに達する「苦難の長旅」の追体験は、異教ないし異端的習俗を遺伝子として組み込んだ民衆教化に重要な意味をもつ。キリスト教が「一神教」であることを否定するものではないが、それは現世利益や民衆信仰、異教ないし異端的習俗を包み込んだ「多神教的一神教」であることは、強調されなければならない。聖ヤコブをはじめとするおびただしい聖人の存在は、カトリックのもつ「多神教的性格」を端的に示している。

ユダヤ人のパレスティナ巡礼

ユダヤ人はキリスト教世界を代表する宗教的マイノリティであり、社会・経済的危機の表面化した十四〜十五世紀には、「神殺しの民」への反ユダヤ運動がヨーロッパ各地で噴出した。十五世紀末にはスペインとポルトガルでユダヤ人追放令が出され、ユダヤ人は改宗か追放かの二者択一を迫られた。

こうした状況下にイェルサレム巡礼を実践したのが、北イタリアのラビでユダヤ神秘主義者のモーシェ・バゾーラ(一四八〇頃〜一五六〇)で、一五二一〜二三年にパレスティナ巡礼をおこない、『パレスティナ旅行記』を書き残している。

その序文でモーシェ・バゾーラは、火星と金星、木星が同一の軌道に入る一五二九年まで戦争と混乱の時代が続くが、やがてメシアが到来すると言明しており、彼が、終末とメシア到来を強く意識しつつ聖地を巡歴したことは間違いない。彼の終末論、メシア思想に大きな影響を与えたのは、キリスト教世界の分裂を意味するルターの宗教改革と、ダヴィド・ハー・レウヴェニ(一四九〇頃〜一五四一頃)のメシア僭称であった。ダヴィド・ハー・レウヴェニは、ファラシャ(エチオピア系ユダヤ人)とも南アジア出身ともされる「黒いユダヤ人」で、レウヴェニ族の王弟を自称し、キリスト教徒との同盟によるイェルサレム解放をローマ教皇やポルトガル王に進言したユダヤ人として知られる。

一五二一年にヴェネツィアを出帆したモーシェ・バゾーラは、まず第一にユダヤ教の四大聖地の一つで、ダヴィド・ハー・レウヴェニがメシアを称した、パレスティナ北部の都市サフェドに向かった。サフェドにおいてモーシェ・バゾーラは、ローマ時代の義人(ヘブライ語でツァディックといい、カトリックの聖人に相当する)の墓所に参拝し、聖遺物や奇跡譚について記述するとともに、終末の予兆を書きとめる。ついで聖地イェルサレムに入城し、預言者ゼカリアやダヴィデ王の墓所とされるオリーヴ山やシオン山、神殿の丘を訪ね、神への祈りを捧げた。聖地ヘブロンにも足を延ばし、アブラハム

ティベリアスにあるマイモニデスの墓廟

を祀った「マクペラの洞窟」〔二五頁下〕に参拝して、イスラームとのシンクレティズムを確認する。イェルサレム、サフェド、ヘブロンと並ぶ四大聖地の一つティベリアスでは、中世最大のユダヤ人哲学者マイモニデスの墓所の前で祈り、病気治癒・危難回避・子授けに効験があるとされたローマ時代の義人の奇跡譚を伝えている。

神秘主義者とはいえモーシェ・バゾーラは、俗事にも関心を示し、都市の経済活動やユダヤ人街の様子、船旅の心得、貨幣の交換比率にも言及している。現実の巡礼は、移動条件への配慮なしには、達成できなかったからである。『パレスティナ旅行記』の巻末には、巡礼者が訪ねるべき聖地、祀られている預言者や義人、健康増進に役立つ温泉（観光資源）などが記されている。「一神教」を基本とするユダヤ人の巡礼にあっても、聖遺物や奇跡譚などの「多神教的側面」、現世利益が重要な位置を占め、シンクレティズムや観光への関心が確認されることは、注目に値しよう。

中南米のインディオ巡礼

十六世紀の中南米征服とともに、スペイン人は聖ヤコブ崇敬と火縄銃をアンデス地方に持ち込んだ。

聖ヤコブ崇敬がもっとも広く浸透したのは、インカ族の支配下におかれたマイノリティ先住民たるアイマラ族のあいだであり、「雷の子」聖ヤコブ（火縄銃が、雷のような強烈な音と閃光を発することから、聖ヤコブのシンボルとされた）は、アイマラ族の主神イリャーパと習合し、タタ・サンティアゴとなった。しかもタタ・サンティアゴは、聖ヤコブ同様、スペインから移植された「カンデレリアの聖母」の夫とされ、病気治癒や豊饒、戦勝に効験のある守護聖人ともみなされた。アイマラ族にとって聖ヤコブと習合したタタ・サンティアゴは、インカ族とスペインの支配を脱し、エスニック集団としての自由と自治を回復し、マイノリティ社会の平和と豊饒を保証する最大の手段であった。

こうしたなかで一六二五年には、イエズス会がアイマラ族の本格的教化のため、聖ヤコブを祀った教会と巡礼路をチチカカ湖畔に建設した。サンティアゴ巡礼の「移し」である。現在、チチカカ湖周辺のアンデス高原には、聖ヤコブを祀った約七〇の教会と集落があり、「サンティアゴ巡礼路」すら創出されている。アンデス高原の巡礼路教会には、ボリビア、ペルー、チリ、エクアドルなどから多数のインディオ巡礼者が訪れており、異教・異端的習俗とのシンクレティズム、現世利益、民衆信仰の強い生命力を想起せざるをえない。

〈関　哲行〉

第2章 生活者の信仰

動物・大地・人間

キリスト教思想を研究する学者たちには、キリスト教をどこか合理的・抽象的にとらえ、キリスト教以前の非合理な俗信やアニミズム、多神教、混合宗教とは無縁のものとして描く傾向がある。そこにはしばしば、西洋文明の優越性を所与の前提とする姿勢がみられる。また学者たちの多くは「現世利益」的な宗教に低い評価を与えてきた。しかし現在においては、多くの歴史家たち、とりわけ社会史の担い手たちが生活者の信仰世界に分け入る研究をおこなっており、アニミズムや多神教の世界の諸現象に通じるものを数多く発見してきた。エマニエル・ル＝ロワ＝ラデュリの『気候の歴史』〔原著、一九八三年〕には、アルプスの氷河に向かって「退け」と命じる近世の聖職者(イエズス会士)の記録が出てくる。アルプスの山村に暮らした画家ジョヴァンニ・セガンティーニは、羊の群れを「祝福」する村の聖職者の絵を残している。

前近代の民衆は動物だけでなく家屋や畑に対する「祝福」も求めた。それは無病息災や豊作を祈る心から出たものである。民衆とともに生きる司祭たちは、この要請にしっかり応えてきた。キリスト教世界は、学識者や高位聖職者の側から考察する場合と、名もない信徒の側から考察する場合では、見え方が大きく異なる。本章では、後者に照準を合わせながら、ヨーロッパの秘境、アルプス世界の事例にもとづき、一般信徒の信仰と内面世界を再現してみたい。そこには宗教的マイノリティの信仰と実践や、彼らが背負わされたスティグマ（否定的表象）のルーツを発見することができるであろう。「異端」や「異教」の要素にみえるものが、実際には一般信徒の世界に、みえないかたちで歴史的に広く共有されてきたものである場合も多い。

「羊たちへの祝福」（セガンティーニ作，1881年，部分）

洗礼を受けた羊、幽霊になった牛

グリムの『ドイツ伝説集』〔一八一六、一八年〕に収録された物語のなかに、つぎのようなものがある。ウーリのズーレンアルプの谷に牡牛川（おうし）という名前の急流があるが、数百年前この近くに羊飼いが住んでいた。飼っている羊のなかに、とりわけ可愛がっている子羊がおり、羊飼いは溺愛するあまりこの子羊に洗礼を授け、洗礼名さえ与えた。すると天はこの不遜を罰し、子羊をおぞましい怪物に変え、怪物はアルプスの草地を荒らしまわった。村人は以後、ここで放牧することができなくなった。さて、この地を一人の放浪学生がたまたま通りかかり、住民に怪物退治の方法を教えた。一頭の子牛を九年間牛の乳だけで育て、乙女にこれをアルプスの牧場へ引いて行かせよというのである。住民は教えられたとおりのやり方で一頭の牡牛を育て、岩山の頂に引いて行って放すと、たちまち怪物に向かって突進し、火花を散らすような闘いを繰り広げ、怪物を負かしたのであった。しかし牛の体からは汗が滝のごとく流れ、のどの渇いた牛は近くを流れる小川までまっしぐらに駆けて行き、思いきり水を飲むとその場に倒れて死んだ。この出来事によって川は、牡牛川と呼ばれるようになったという。

この伝説は荒唐無稽(こうとうむけい)な奇譚にみえるが、そこには人と動物の「境界」を犯す行為は神の罰をもたらすというコードないしタブーが読みとれる。と同時に、何か呪術的な方法で育てられて不思議な力を身につけた特別な動物(牡牛)への民衆的な共感がこめられている。

同じ『ドイツ伝説集』にはつぎのような奇譚もある。ベルナー・オーバーラントのある高地牧草地には草がよく茂り、どの牝牛からも日に三、四回も乳が搾れた。山腹に暮らすある裕福な羊飼いは高慢になり、小屋を美しく飾りたて、カトリーネという美貌の乳搾りといい仲になった。心の驕(おご)りにまかせ、小屋の入口の階段をチーズでつくり、その上にバターを塗り、牛乳で階段を洗うのだった。カトリーネと牝牛のブレンデルと愛犬リーンは、この階段を踏んで小屋に出入りした。羊飼いの母は信心深い人であった。息子の牧場を訪ねたとき、性悪のカトリーネにそそのかされた息子に、すえた乳に砂をまぜたものを飲まされると、呆れはててさっさと山をおりて行った。彼女は一度立ちどまって山のほうを振り返り、二人の不信心者を呪い、「神さまの罰がくだるように」と言った。すると嵐が巻き起こり、あっというまに牧草地は荒廃してしまう。小屋は泥土に埋まり、人も家畜も死んでしまった。羊飼いの亡霊は救済にあずかる日まで山をさまよっている。「わしと愛犬リーンと牛のブレンデルといとしのカトリーネは、とこしえにクラリーデのお山をさまようのだよ」。そう嘆く声が山中ではよく聞かれたという。

この物語には、傲慢(ごうまん)の罪をたしなめる教訓とともに、信心深い人には神に頼って悪を滅ぼす「呪い」(呪文)の力があるという信仰が読みとれる。そして動物も「幽霊」になるほど人間に近い存在とみなす観念が、息づいている。

以上の二つの伝説は、決してグリムの時代つまり十九世紀に創られたものではない。その最古の記録は、一七一六年、スイス(チューリヒ)のヨハン・ヤーコプ・ショイヒツァーが出版した『スイスの自然史』にみられる。この書物に収められた伝説は、農村での聞きとりにもとづいている。羊の洗礼や牛の幽霊の物語は、近世の農村に生きた一般信徒の内面を伝えているのである。ところで、人の世界と動物の世界、そして神的世界の境界は、民衆の生活とイマジネーションのなかでだけ越境されていたのであろうか。結論を先にいえば、それらの境界は、知識人(聖職者)ないし教会自体が伝える説話の世界でも揺らいでいた。以下、いくつかの典型的な事例を示しておこう。

動物、聖人、法の裁き

ローマ時代(三世紀)の殉教者、聖クリストフォルスは、東方教会の伝説によれば北アフリカのキレナイカ出身の「犬頭人」ないし犬そのものであった。動物と人間の中間的存在が信じられていたキリスト教以前の文明(エジプトやギリシア・ローマ)の遺産は、中世や近世になっても影響を保ちつづけていた。同じくローマ時代(二世紀)の聖エウスタキウスは、トラヤヌス帝に仕える軍人であったとき、狩りの途中で「鹿」の大群にあう。彼は一頭の大きく麗しい鹿に目を奪われ、この鹿を追いかけると、その鹿が話し始め、「私は鹿の姿でおまえの前にあらわれた救世主キリストである」と語ったという。これは十二世紀に普及した伝説である。

動物が登場する聖人伝は枚挙に暇がない。アッシジの聖フランチェスコの説教には「小鳥」が耳を傾けたとか、同じ十三世紀のパドヴァの聖アントニウス(ないしリスボンの聖アントニウス)の説教には「魚」たちが波間から顔を出して聞き入ったという伝説もある。それらは中世ヨーロッパ人の宗教観が人間の世界だけで完結していなかったことを物語っている。

ところで、死後の人間の霊魂は小さい人、弱々しい子どもの姿で描かれることが多い。また、無垢(むく)な人間の魂が鳩の姿をとる伝説もあちこちにみられ、ジャンヌ・ダルクの魂は鳩となって飛び去った

▲**聖エウスタキウス**(ピサネッロ作「聖エウスタキウスの幻視」15世紀半ば) 聖エウスタキウスは狩りの最中,深い森で「鹿」の姿をしたキリストに出会い,キリスト教徒になった。

◄**聖クリストフォルス**(17世紀ロシアのイコン) 回心してキリスト教徒になる前,聖クリストフォルスは,「犬頭人」ないし人間を食べる「犬」であったとされる。

という伝説もある。鳩は神の霊つまり聖霊のシンボルでもあるから、霊魂が鳩の姿をとるという信仰が生まれても驚くにはあたらない。いわゆる「煉獄」や「地獄」の光景を描いた古い文献や図像には、しばしば竜や蛇、ライオンや駝鳥（だちょう）や野犬、ジャッカル、その他の不気味な獣が巣くっている様子が描かれている。それらは動物そのものというより悪魔ないし悪霊の群れをあらわしている。ともあれ、人間界と動物界は、死後の魂の旅の途上においても交錯していた。

ヨーロッパでは十二世紀頃から十八世紀にいたるまで、いわゆる動物裁判があちこちでおこなわれた。人間を傷つけた豚や牛、犬や猫などから農作物に被害を与えるバッタや毛虫まで裁判にかけられ、処刑や追放などの有罪判決を受けた。教会裁判のかたちをとって司祭が動物や虫に破門を言い渡し、聖水をかけて撃退することもあった。動物や虫だけでなく自然物や植物も裁判にかけられている。例えばアルプス地域では、はじめに述べたように、作物に害を与える「氷河」が破門され、アルザス地方では殺人犯が逃げ込んだ「森林」が死刑判決を受け、伐採された例がある。

中世ドイツの法書『ザクセンシュピーゲル』〔十三世紀前半〕には犯罪者だけでなく、その犯罪を助けた動物や無生物を罰する慣行が記されている。ここには、動物や無生物に人間が君臨するというキリスト教的な世界観や自然観があらわれているだけではなく、動物や無生物を操ったり、動物に化けたりする悪魔を撃退するという意図が隠されていたという。自然宗教的でアニミスティックな迷信をもつ民衆の要求に教会が譲歩し、悪魔払いのかたちをとって人々が恐れている古い魔物と対決したのだといった解釈もなされている。
　中世の神学者トマス・アクィナスは、原則的に動物裁判を否定していた。『神学大全』〔十三世紀後半〕には、その理由がつぎのように書いてある。「非理性的な被造物においては罪科も罰もありえない。それゆえに、それを呪うことは許されない」「祝福と呪いは、本来的にいって、それにたいして或ることが善い、もしくは悪い仕方で起こりうるところのもの、すなわち理性的被造物に属する」。罪と罰、祝福と呪いとは、具体的には聖職者による祝福や破門、世俗の裁判官による判決や刑吏による刑罰の執行に関わっている、本来それらは善悪の区別のつく理性的な生き物、つまり人間に限られている。ただしトマスは、つぎのようにも論じている。「非理性的被造物にたいしては、善ないし悪は、理性的被造物への秩序において起る」と。ここでトマスは理性のない動植物に関しても、理性のある人間との「関係」のなかでは、「善悪」が判断されると示唆しているのである。

『ザクセンシュピーゲル』にみる動物の処刑（ハイデルベルク版の挿絵，14世紀初頭）　女性が屋内で暴行を受け助けを求めたとき，近くにいながら何もしなかった動物たちは処刑され，家屋は破壊される。処刑されているのはニワトリとイヌである。

　実際、それは聖書の思想でもある。トマスは例えば『旧約聖書』の「申命記（しんめいき）」〔二八章〕に、「あなたの穀物倉は祝福される」とか「あなたの穀物倉は呪われる」といった記述があることや、福音書においてキリストが「いちじくの木」を呪った記事があること〔「マルコによる福音書」一一章〕などを例としてあげている。トマスの見解は正統的な教会の教えを反映しているが、その見解は明快であったわけではなく、中近世ヨーロッパにおいては、動物を対象とした法の裁きがおこなわれつづけた。

動物裁判は、狼や犬や猫、豚や山羊などが悪魔の使いになるという、聖職者も民衆も抱いていた確信や恐怖心と結びついていた。このことは例えば、『新訳聖書』のなかで、最初は人間に憑いていた悪霊が豚にとり憑き、崖から湖に落ちる話などを思い起こせば容易に想像がつく。これは動物も関わる悪魔払いの原点の一つなので、引用しておきたい。

一行は、湖の向こう岸にあるゲラサ人の地方に着いた。イエスが舟から上がられるとすぐに、汚れた霊に取りつかれた人が墓場からやってきた。……イエスを遠くから見ると、走り寄ってひれ伏し、大声で叫んだ。「いと高き神の子イエス、かまわないでくれ。後生だから、苦しめないでほしい」。イエスが、「汚れた霊、この人から出て行け」と言われたからである。そこで、イエスが、「名は何というのか」とお尋ねになると、「名はレギオン〔軍団〕。大勢だから」と言った。……汚れた霊どもはイエスに、「豚の中に送り込み、乗り移らせてくれ」と願った。イエスがお許しになったので、汚れた霊どもは出て、豚の中に入った。すると、二〇〇〇匹ほどの豚の群れが崖を下って湖になだれ込み、湖の中で次々とおぼれ死んだ。

〔「マルコによる福音書」五章〕

理性のない動物も、汚れた霊ないし悪魔の支配を受けるときには、神に罰せられ、滅び去る運命にある。この聖書的観念は、当然のことながら、中世ヨーロッパにも影響を与えており、例えば豚は、ヨーロッパでは中世からユダヤ人を侮辱するシンボルになっている。そもそもユダヤ人は、その食物戒律ゆえに豚を忌諱(きい)するので、キリスト教徒はそれを意図的にユダヤ人と結びつけたのである。それは悪意に満ちた表象である。豚の乳を飲み、尻に接吻するユダヤ人たちを描いた絵画や彫刻が教会の内部装飾や外壁にある教会は、ドイツを中心に西欧のあちこちにある。豚が悪魔を連想させる容貌をしている場合もある。宗教改革の震源地、ヴィッテンベルクの教区教会もそうである。宗教改革者ルターの反ユダヤ主義は有名だが、彼が日常的に反ユダヤ主義的な表象に接しながら生活していたことも、背景として知っておく必要がある。動物の寓意は、民衆だけでなく知識人の意識も左右し、迷信的といいうるほどの思い込みや偏見を助長していたのである。

中世の教会人は、羊を従順と犠牲の象徴とし、キリストを示すシンボルとして用いてきた。その一方で、二世紀の教父イレナエウスの時代から、羊を異端と結びつける言説も存在する。「羊の皮を着た狼」としての「偽預言者」を警戒せよとの、キリストの戒め［「マタイによる福音書」七章］があるからである。この動物は、キリスト教的であると同時に、非キリスト教的でもありうる両義的な存在なのである。中近世の民衆の心のなかでは、洗礼を受けた羊が怪物になる伝説にみられるように、動物への愛情と恐れが同居していた。知識人の言説が影響を与えていたことも、看過できない。また知識人たちには、宗教的マイノリティと悪魔的な動物(の崇拝)を結びつけた責任がある。豚や山羊、狼や猫を異端、魔女、ユダヤ人と結びつけたのは聖職者であり、彼らの想念が民衆世界のイマジネーションの世界に浸透していったのである。その際、古代以来の動物誌や動物寓意譚(ベスティアリー)が活用されていたことも、付言しておかねばならない。もちろん、逆のパターンも想定される。民衆世界の心性が、知識人の行動や思考を左右していた側面である。害虫の破門や氷河祓(ばら)いはオカルト的だが、それは自然に囲まれて暮らす生活者の願望が、知識人(聖職者)を動かした結果である。

祝福の対象

トマス・アクィナスは、すでに引用したとおり、呪いや祝福が非理性的な被造物に向けられることを容認している。実際、ヨーロッパ世界の農村世界では、現代にいたるまで、司祭が動物や自然物に対して祝福の儀式をおこなう事例が数多くみられる。二十世紀前半、フランスのサヴォワ地方の宗教行事を調査したある民俗学者は、聖アントニウスの日(一月十七日)に多くの村で家畜の無病を司祭が祈ったり、塩を祝福して病気の家畜に与えたりする行事のあることを報告し、この日のミサを「メス・デ・コション」(豚のミサ)と呼ぶ村があることも伝えている。豚は悪霊や悪魔の餌食になり、呪いを受けることもあれば、祝福の対象になることもあったのである。聖アントニウスは三~四世紀のエジプトの聖人で、隠修士としての孤独な生活を重視する古いタイプの修道制の創始者といわれ、豚飼いとして暮らした時期があることから、動物の守護者とみなされている。

この聖人の祝日には、司祭が野外で行列して通り過ぎる動物めがけて灌水棒(かんすいぼう)という器具を用いて聖水を散布し、祝福の祈りを唱えるが、それはサヴォワだけでなく、例えば十九世紀のローマでもおこなわれていた。そのときの司祭の祝福の祈りの内容は、「聖アントニウスの執り成しにより、これらの獣が禍を免れんことを。父と子と聖霊の御名によって。アーメン」というものである。同じような例はスイスのアルプス世界にもみられた。司祭による牛馬の祝福式は春の風物詩であり、四月二十三日の聖ゲオルギウスの日におこなわれることが多かった。

馬の祝福　聖ゲオルギウスの日（4月23日）に，司祭が灌水棒で馬に聖水をふりかけている（スイス，ヴァリスのトゥルトマン村，20世紀前半）。

興味深いことに、アルプス世界には司祭が牧草地を祝福する慣行もあった。それは家畜を高原の牧草地に連れて行く「牧のぼり」の時期に、緑の草地に灌水棒で聖水をふりかけるものである。もちろん、動物たちにも祝福があたえられた。それらは動物たちの安全を祈り、牧草の健やかな成長を願っての儀式である。カトリックの司祭が動物の祝福の際に唱える祈りは、彼らの使う式文に

牧草地の祝福　放牧の開始前の祝福(スイス，ザンクト・ガレンのタミーナタール，20世紀前半)。

定めてあった。「主よ、これらの動物たちが汝(なんじ)の祝福を受けんことを。そのからだが健やかに守られ、聖アントニウスの執り成しによってあらゆる悪から自由でありますように」。聖職者はこの祈りを毎年のように唱えたのである。

「家の祝福」も中世から司祭によっておこなわれており、式文が読まれ、灌水棒で聖水が散布された。これは一月六日(公現祭)に広くおこなわれるが、新居の祝福などは時期を選ばない。司祭が「この家とそこに住む者すべてに平安あれ」と唱えると、同席者たちは「主よ、ヒソプもてわれを清め給え。さらばわれ清まらん」と応じる。補足すれば、ヨーロッパの伝統社会においては、特定の土地や畑、収穫物なども祝福の対象となっていた。キリスト教は人間だけでなく、人間とともに暮らす動物、そして大地とその実りも儀礼と祈りのなかに包み込む宗教として展開していたのであった。

アルプスのキリスト教世界には、草原に向かって牧童がラッパ状の木製の拡声管を使って聖歌(アヴェ・マリア)を捧げる習慣もある。これをアルプゼーゲンという。それはカトリック教会が指導を強化する近世までは、異教の神に捧げられた歌であり、教会はそれを「キリスト教化」させたのであった。いずれにしても、牧童たちには父祖たちの慣習に従い、彼らなりのやり方で「聖なるもの」を崇(あが)め、その加護を祈ってきた。

羊が洗礼を受けたり、牛が幽霊になったりする物語は、地域が刻む歴史の「厚み」のなかで理解されねばならない。カトリック教会の正統教義では、トマス・アクィナスが述べるように、動物の魂は肉体の死とともに消滅する劣ったものであるから、動物の幽霊は存在しえない。しかし酪農を営むアルプスの山の民にとって、牛や羊の死(とくに転落死や病死の場合)は大きな悲しみをもたらし、彼らがその「魂」の行方を案じたとしても不思議ではない。こうした山の民の心性を非キリスト教的と呼ぶことには、慎重でなければならない。そもそも、いったい何がキリスト教的なのかが問題なのである。

『新約聖書』のキリストは、盲人を癒し、足なえを歩かせ、イチジクを枯れさせ、人間に憑いた悪霊を豚の大群に乗り移らせた。聖書は「奇跡」に満ちており、キリストや使徒たちが貧しい人々の切なる願いにどう対応したかは明白である。キリスト教は各種の多神教に比べて合理的だといわれ、いわゆる「脱魔術化」も「一神教的合理性」を推進力としていたとされる(マックス・ヴェーバーの所説)。

しかしその合理性は、あらゆる現象を唯一の神の意志と働きかけによって一元的に把握するという意味での合理性であり、人知を超えた現象の排除を意味しない。

民衆の宗教は、大地を踏みしめて暮らす「生活者」の宗教であり、そこには教義を純理的に構築する役割を負った神学者たちの世界とは異なる次元がある。生活者は畑や家畜を健やかに保ち、生計を維持し、災害や疫病や犯罪や種々の(悪い)霊力から家族と共同体を守り、それと同時に(究極の)来世の救済を求める。彼らの世界においては、いわゆる現世利益と来世の救いは対立するものではない。そして司牧(牧会)に携わる現場の聖職者たちは、そのことをよく知っていた。信徒たちを死後の魂の救済に備えさせると同時に、彼らの家畜や家の祝福式をおこなってきたのは彼らなのである。

キリスト教は現世利益とは無関係だと決めつけてはならない。われわれは繰り返し、キリスト教そのものの発生に遡って考えなければならない。それは「アムハアレッ」(地の民)の苦しみに「物心両面」において救いの手をさしのべるイエス・キリストの実践のなかで生まれた宗教なのである。もちろんキリストの教えの最終的な目標が現世的幸福ではなかったことは明白であり、ローマ時代に国教化したキリスト教会が支配層にとって都合のよい教えの体系を築いていったことも認めねばならない。しかし出発点に立ち返れば、キリストが飢えや差別に苦しむ貧者や病者、悪霊に憑かれた人たちを放置しなかったこともまた、否定できないのである。

キリスト教はどの時代にも一枚岩ではなく、完全無欠の統治機構を築いていたわけではない。正統を自認して権力化した教会の指導者たちは、しばしば民衆の現世的願望を抑えつけたが、司牧の現場にいる無名の聖職者たちは生活者の日常に寄り添い、現世利益的な願望と死後の魂の救済の両方に配慮する活動をおこなっていた。だからこそキリスト教は、ヨーロッパ世界に定着したのだともいえる。

聖職者たちの一部は、教会権力をラディカルに批判し、「別の教会」をつくりだすこともあった。これについて行く者は異端のレッテルを貼られ、悪魔的な表象を与えられることになる。異端は特異な秘教集団ないし反乱分子であるという認識は、おおむね権力者が意図的につくりだしたものである。異端は多くの場合、民衆世界に根をおろし、その願望に応えようとする運動として生まれ、展開していた。異端と目された諸集団は、しばしば共同金庫をつくって相互扶助の仕組みを整えたが、それは飢餓や病苦や支配者による収奪から身を守る民衆的な防衛手段でもあった。いずれにしても、宗教的マイノリティの研究は、民衆ないし生活者の宗教世界を十分に理解したうえでおこなわねばならない。

〈踊　共二〉

第3章 宗教界の激震

本書の第Ⅱ部は、近世ヨーロッパおよびヨーロッパと接続する世界に生きながら、多くの場合、歴史叙述の片隅ないし枠外に追いやられた忘れられたマイノリティを具体的に描き出し、西洋史の未知の領域に光をあてる試みである。それらの理解を助けるために、ここでは対象となる地域で起きていた中世後期から近世にいたる歴史の大きな変化を概観しておきたい。とりわけ重要なのは、イベリア半島からのユダヤ人およびムスリムの大規模な追放、ドイツその他ヨーロッパ各地を襲ったプロテスタントの宗教改革の激動とキリスト教世界の宗派的分裂である。

イベリア半島と地中海世界

ユダヤ人追放

セファルディームと呼ばれた地中海系ユダヤ人が、スペインに定着したのは、ディアスポラ(離散)の時期にあたる一~二世紀である。西ゴート時代になると、スペインのユダヤ人はスペイン南部や地中海岸の諸都市を中心にかなりの数に達し、政治・軍事上の要職に就く宮廷ユダヤ人すら登場する。しかし六世紀末の西ゴート王レカレド一世のカトリック改宗とともに、スペインのユダヤ人は強制改宗を強いられるなど一連の反ユダヤ政策の犠牲となった。

イスラーム軍の侵入により、アンダルス(イスラーム・スペイン)のユダヤ人は反ユダヤ政策から解放され、「イスラームの平和」を背景に、十~十一世紀初頭に「黄金時代」を現出させた。後ウマイヤ朝崩壊後のアンダルスを支配したのは、聖戦意識に支えられ異教徒に不寛容なムラービト朝、ムワッヒド朝である。わけてもムワッヒド朝のもとで、アンダルスのユダヤ人は改宗か殉教かの二者択一を迫られ、ユダヤ人の「黄金時代」は終焉した。アンダルスの多くのユダヤ人が偽装改宗者となり、異教徒に比較的寛容なキリスト教スペイン諸国や東方イスラーム諸国に亡命したのである。

中世初期のキリスト教スペイン諸国では、ユダヤ人は少数であった。状況を一変させたのは、十一世紀後半以降のレコンキスタ(再征服)運動の進展である。十三世紀後半までには、グラナダ王国を除くアンダルスの大部分が再征服され、多数のユダヤ人がキリスト教スペイン諸国内に編入された。急速なレコンキスタ運動の進展は、ユダヤ人の協力を不可欠なものとし、十一~十三世紀のキリスト教スペイン諸国では、比較的寛容なユダヤ人政策がとられた。それを背景にスペインは、西ヨーロッパ最大のユダヤ人居住地へと成長する。トレード、セビーリャ、コルドバ、バルセローナ、サラゴーサ、バレンシアなどの諸都市に、大規模なユダヤ人共同体(アルハマ)が組織され、翻訳活動の中心都市トレードは「スペインのイェルサレム」へと転じた。

十四~十五世紀のスペインは、ペストによる大幅な人口減少、貧民の増加、戦争や内乱の頻発を背景に、深刻な危機と再編の時代に入った。封建制社会の危機はユダヤ人共同体内部にも波及し、アルハマ行政を独占する有力ユダヤ人とユダヤ人民衆の社会的亀裂が拡大した。それをさらに助長したのが、マイモニデス論争である。有力ユダヤ人は理性と信仰の調和にもとづくユダヤ教を重視し、マイモニデス哲学を寡頭支配の根拠とした。他方、手工業者や小売商人から成るユダヤ人民衆は、ユダヤ神秘主義への傾斜を深め、有力ユダヤ人の宗教的堕落を批判しつつ、アルハマ行政の「民主化」を求めた。

ユダヤ人共同体も巻き込んだ封建制社会の危機のなかで、キリスト教徒のユダヤ人観も大きく変容し、ユダヤ人を「潜在的キリスト教徒」とする、楽観的ユダヤ人観はほぼ消滅した。高利貸しや徴税請負によってキリスト教徒を収奪し、聖体冒瀆(ぼうとく)を繰り返す悪魔サタンの手先。邪悪な信仰に固執してメシアとしてのイエスを否定したばかりか、イエスを殺害した「神殺しの民」。こうした悪逆なユダヤ人との「共存」は不可能とされ、物理的手段によるユダヤ人政策が追求されることになる。ユダヤ人の「負のイメージ」が累積され、キリスト教徒のユダヤ人観は、悲観論へと決定的に傾斜したのである。

◄ユダヤ人追放令を発するカトリック両王(エミリオ・サラ・フランセス作，1889年)。

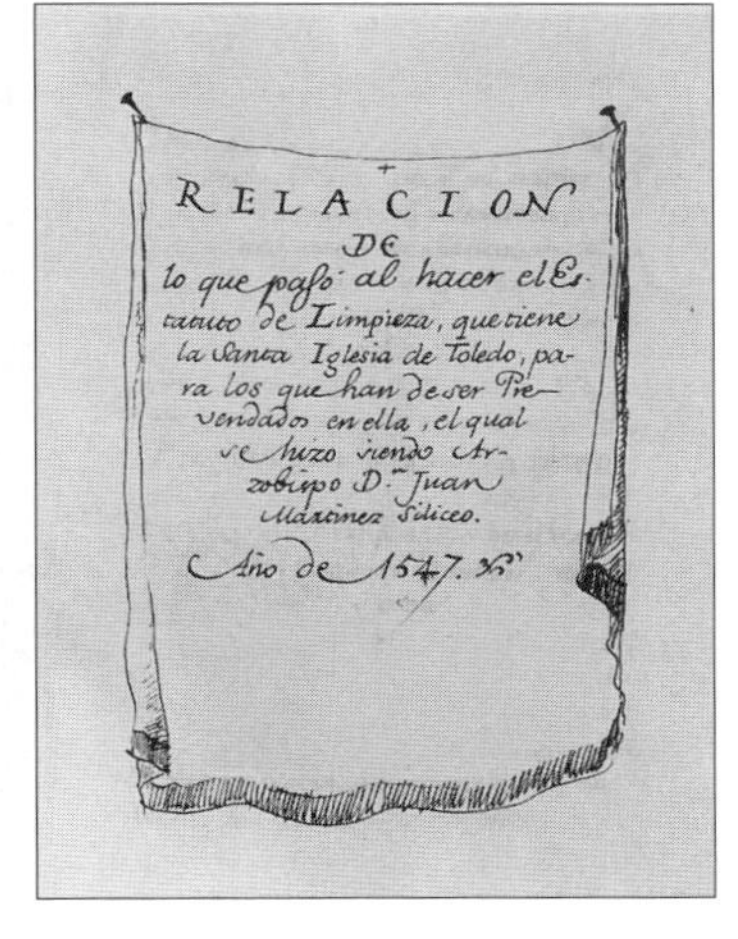

RELACION
DE
lo que passó al hacer el Es-
tatuto de Limpieza, que tiene
la Santa Iglesia de Toledo, pa-
ra los que han de ser Pre-
vendados en ella, el qual
se hizo siendo Ar-
zobispo D.n Juan
Martinez Siliceo.
Año de 1547.

▲「判決法規」(18世紀の写本) 1449年のトレードの「判決法規」により，コンベルソは都市官職保有を禁じられた。

◄1391年の反ユダヤ運動(18世紀の想像図)

スペイン有数のユダヤ人居住都市セビーリャで、一三九一年六月、民衆を主体とする大規模な反ユダヤ運動が発生した。小麦の端境期にあたる六月に、セビーリャで始まった反ユダヤ運動は、数カ月の間にコルドバ、トレード、バレンシア、バルセローナなどの主要都市に飛び火し、全国規模でのユダヤ人虐殺と強制改宗、シナゴーグ（ユダヤ教会）破壊を誘発した。ユダヤ人追放へ向けての序曲となった。民衆を主体とする同年の反ユダヤ運動は、主要都市のユダヤ人共同体に壊滅的な打撃を与え、ユダヤ人追放へ向けての序曲となった。十五世紀初頭には、ドミニコ会士のビセンテ・フェレールが、スペイン各地で反ユダヤ説教をおこない、同様に多くのユダヤ人を改宗させた。こうした一連の反ユダヤ運動や反ユダヤ説教により、十五世紀末までにはユダヤ人人口の五〇〜六〇％にあたる、約一五万人が改宗したといわれる。

教会と王権が組織的なコンベルソ（改宗ユダヤ人）教化策をとらなかったこともあり、多数の強制改宗者を含む、コンベルソの同化は容易ではなかった。改宗後もコンベルソの多くはユダヤ人地区に居住し、ユダヤ教の宗教儀礼を実践しつづけた。一四四九年にトレードで制定され、四世代を遡ってユダヤ人の家系に連なる者、偽装改宗者（マラーノ）に都市官職保有を禁じた「判決法規」は、コンベルソへの不信を表明したものにほかならない。

一四六〇年代〜七〇年代、反コンベルソ暴動が各地で再燃すると、これに危機感を募らせたのが、「絶対王政」の樹立をめざすカトリック両王（カスティーリャ女王イサベル一世とアラゴン王フェルナンド二世）であった。カトリック両王はローマ教皇シクストゥス四世から、新たな異端審問所の設立認可を取りつけ、一四八〇年、セビーリャに最初の異端審問所を設立した。カトリック両王の推挙により、初代異端審問長官には、コンベルソのドミニコ会士トマス・デ・トルケマーダが任命され、十九世紀前半まで続く「近世的異端審問制度」が発足した。それはローマ教皇の普遍的権威によりながらも、王権の利害と緊密に結びついた国王行政機構の一部であり、異端根絶を名目に、地方特権によって分断されたスペイン各地への王権の浸透をはかる権力装置でもあった。

「近世的異端審問制度」は、コンベルソの「真の改宗」を目的とした、国家と教会の組織的対応を意味し、「旧キリスト教徒」(四世代を遡って異教徒の「血」の混じっていない伝統的キリスト教徒)民衆の強い支持を受けた。しかしこの異端審問制度をもってしても、ユダヤ人とコンベルソが同居する限り、偽装改宗者を防止できず、コンベルソ問題の抜本的解決は不可能であった。こうしたなかでカトリック両王は一四九二年三月、異端審問所などの要望に沿って、ユダヤ人追放令を発した。ユダヤ人に改宗か追放かの二者択一を迫ったユダヤ人追放令の目的は、ユダヤ人の追放ではなく、ユダヤ人の改宗とコンベルソの「真の改宗」にあった。ユダヤ人追放による宗教的統合は、言語や法制度、エスニシティを異にする多様な地域から構成される、「モザイク国家」スペインの政治・社会統合に不可欠の手段であり、「絶対王政」確立の大前提であった。

一四九二年の追放令により、七万~一〇万人のユダヤ人が信仰を守ってスペインを離れた。反ユダヤ運動が激化した十五~十六世紀には、西ヨーロッパ全域のユダヤ人が追放や移動を強要されたのであり、スペインのユダヤ人追放は、西ヨーロッパ全域で生じていた広範な追放の一部にすぎなかったのである。スペインを追われたユダヤ人は、ポルトガル、オスマン帝国、マグリブ(北アフリカ西部)地方などさまざまな地域に向かったが、とくに多くのユダヤ人を受け入れたのは、ポルトガルとオスマン帝国であった。しかし一四九六年末にポルトガルでもユダヤ人追放令が出され、改宗を強いられたスペイン系ユダヤ人が続出した。

こうしたユダヤ人の多くが定住したのが、イスタンブル、サフェドといったオスマン帝国支配下のイスラーム諸都市と、フェズ、マラケシュ、テトゥワン、アルジェ、チュニスなどのマグリブ諸都市である。わけてもオスマン帝国は、イベリア半島を追放されたセファルディームの資本・軍事技術・情報ネットワークに注目し、彼らを積極的に誘致した。地中海の覇権をめぐるスペイン帝国との確執が、その背景にあったことはいうまでもない。他方、スペインやポルトガルのコンベルソ、より正確にはマラーノ(偽装改宗者)の一部は、一五三六年のポルトガルへの異端審問制度の導入、オランダ独立戦争や八〇年のスペインのポルトガル併合、三十年戦争を機に、イベリア半島を脱出してユダヤ教に再改宗し、「近代世界システム」の結節点アムステルダムに、西ヨーロッパ最大のユダヤ人共同体を再建した。しかもスペインとオランダが関与した三十年戦争の過程で、オランダが砂糖生産の中心地であったブラジル北東部の都市レシフェを占領したことから、セファルディームはアメリカ大陸にも進出したのである(スペインのポルトガル併合により、ポルトガル領ブラジルは交戦国とみなされた)。

◀追放されるユダヤ人（紅海を渡るユダヤ人） 15世紀のカタルーニャの画家ジャウマ・ウゲー作。

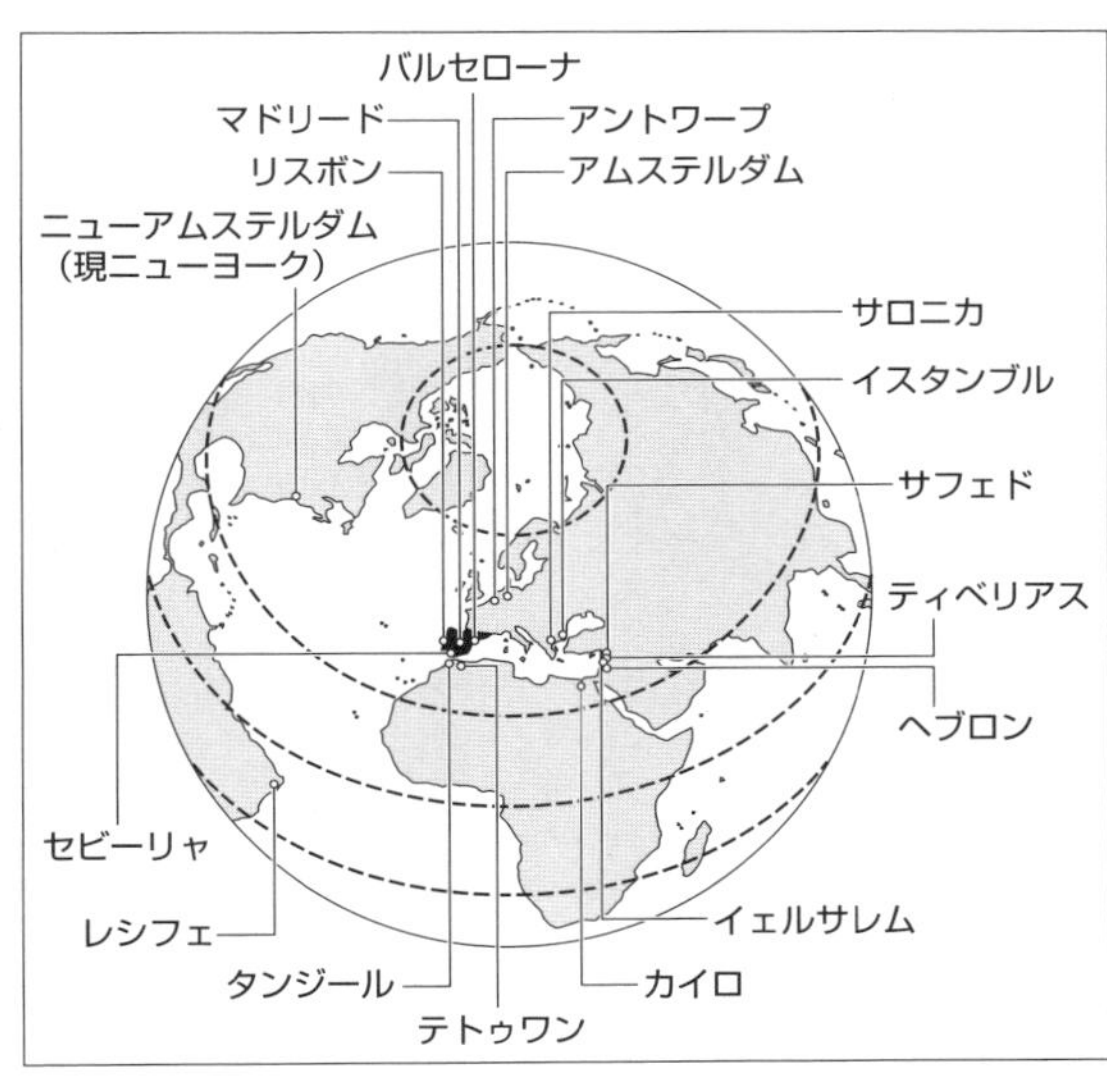

◀拡散するユダヤ人 イベリア半島を中心にしてみた地球儀に，中世以降のおもなユダヤ人共同体のある都市を示した。

追放によってセファルディームは、伝統的な居住空間である地中海地域を脱却し、またカトリック世界、イスラーム世界、プロテスタント世界という相対立する宗教圏を越えて、地中海と大西洋にまたがる国際的なネットワークを樹立することができた。一四九二年がスペイン・ユダヤ人史の終焉、したがって断絶を意味したにしても、それはたんなる断絶ではない。「マイノリティ」としてのセファルディームが、アメリカ大陸を含めた大西洋地域という異文化圏へ飛躍する起点ともなったのである。

ムデハル、モリスコ追放

レコンキスタ運動が急速な進展をみせた十三世紀、アンダルシーア地方やバレンシア地方を中心に、カスティーリャ王国やアラゴン連合王国の支配下に組み込まれるムスリムが増加した。ムデハル(キリスト教徒支配下のムスリム)と呼ばれたこれらのムスリムは、人頭税の支払いを条件に、信仰の自由と自治権を保障された宗教的マイノリティとして都市の特定地区(モレリーア)や村落への定住を認められた。灌漑農業技術を有したことから、とりわけ多くのムデハルが定住したのが、バレンシア地方の領主所領内村落であり、住民の大多数がムデハルから構成される村落も少なくなかった。しかし宗教・言語・食文化、衣服や髪型を異にするムデハルとの「共存」は容易ではなく、バレンシア地方では早くも十三世紀後半のハイメ一世時代に、アル・アズラクを指導者とするムデハル反乱がおこった。一三九一年には反ユダヤ暴動と並行して、キリスト教徒民衆が、バレンシア市内のムデハル居住区(モレリーア)を襲撃し、コンスタンティノープル陥落直後の一四五五年にも、十字架を掲げた「旧キリスト教徒」民衆がムデハル居住区へ押し寄せ、大規模なポグロム（異教徒に対する集団的迫害）へと発展した。

一四九二年一月、カトリック両王がグラナダ王国を攻略し、レコンキスタ運動を終焉させると、王族や貴族、官僚、ウラマー（イスラーム法学者）などのムスリム支配層と知識人の多くは、マグリブ地方へ亡命した。しかし一五万〜三〇万人のムスリム民衆は、カトリック両王が労働力確保政策をとったこともあり、信仰の自由と自治権を認められたムデハルとして残留せざるをえなかった。

信仰の自由と自治権を保障したグラナダ降伏協定が、強圧的な改宗策（クルアーン〈コーラン〉の焼却やモスクのカトリック教会への転用）によって蚕食されるなか、グラナダ東部のアルプハーラスで、第

モリスコの母子

一次ムデハル反乱が勃発した。これを鎮圧したカトリック両王は一五〇二年、カスティーリャ王国のムデハルを対象に、ムデハル追放令を発した。改宗か追放かの二者択一を迫られたムデハルの多くは、改宗を余儀なくされモリスコ(改宗ムスリム)となった。カスティーリャ王国以上に多数のムデハルを擁したアラゴン連合王国でも、一五二五〜二六年にムデハル追放令が出され、同様に多くのムデハルが改宗を強要された。一四九二年のユダヤ人追放令と一五〇二、二五〜二六年のムデハル追放令により、スペインは内部に多数の「新キリスト教徒」(コンベルソやモリスコ)を包摂しつつも、「絶対王政」の基盤となる宗教的統合を、まがりなりにも実現したのである。

宗教的マイノリティとしてのモリスコ社会は、大きな社会・経済格差を内包しており、職業構成や定住形態もさまざまであった。モリスコの一部は、小売商業や陸上運送業、皮革および建築関連手工業に従事する商人や手工業者として都市に定住した。しかしモリスコの大多数は、「旧キリスト教徒」との接点をほとんどもたない貧しい隷属農民であり、領主権力の圧政下に、バレンシアやグラナダ、ムルシア地方の農山間部の閉鎖的村落に孤立していた。

「新キリスト教徒」としてモリスコは、言語・習俗・ムスリム名・食文化を含む「イスラーム文化」全般の放棄を求められた。とりわけ重視されたのは言語と習俗であり、支配言語であるスペイン語の習得、アラビア語やイスラーム的習俗の放棄、カトリックの宗教儀礼への参加を強要された。しかし「イスラーム文化」から「カトリック文化」への移行は、容易ではなく、そこに同化強制機関としての異端審問所が介在する余地があった。

　同化の指標ともいうべきスペイン語能力は、都市在住か農山村在住かによって大きく左右された。主として小売商業や手工業に携わった都市在住モリスコは、「旧キリスト教徒」との接触が多く、文字言語能力はともあれ、オーラル言語としてのスペイン語能力は高かった。他方、農山村部に孤立したモリスコ農民は、スペイン語はおろか、自分の洗礼名すら知らず、アラビア語やムスリム名を日常的に使用しつづけた。ジェンダーによる較差も大きく、モリスコ女性は、都市在住か農山村在住かを問わず、家庭内言語としてのアラビア語を長期にわたり保持した。

　アラビア語と同様、イスラーム的習俗の排除も簡単ではなかった。改宗後もモリスコは、豚肉を忌避し、伝統的手法で屠畜(とちく)された食肉のみを摂取したばかりではない。伝統的衣服や靴、髪型を保ち、安息日(金曜日)の清浄儀礼、可能であれば断食や割礼すら強行した。出産・葬儀についても同様で、受洗時の新生児の塗油を帰宅後に洗い落としたり、死者の顔をマッカ(メッカ)の方角に向け横臥(おうが)させたうえで、旧モスクを転用した教区教会の墓地に埋葬したのであった。安産祈願や病気、怪我から身を守るため、コーランの一節を記した紙片を護符として持ち歩くモリスコも、少なくなかった。

　こうしたモリスコへの同化強制は、十六世紀初頭から始まっていたが、それが本格化するのは、トレント(トリエント)公会議の決議を踏まえた、十六世紀後半のフェリーペ二世時代に入ってからである。グラナダ東部アルプハーラス地方のモリスコは、同化を強く迫った王令に反発し、一五六八年、

エルナンド・デ・コルドバ・イ・バロルの「国王」僭称

第二次アルプハーラス反乱を起こし、ウマイヤ家の末裔とされるエルナンド(フェルナンド)・デ・コルドバ・イ・バロルを「国王」に選出した。第二次アルプハーラス反乱は一五七一年に鎮圧されるが、オスマン帝国のキプロス侵攻やオランダ独立戦争と同時期であったことから、モリスコはムスリムやプロテスタントの「同盟者」、スペイン帝国の破壊を目論む異端者とみなされた。反乱鎮圧後、グラナダ地方のモリスコの大多数が、カスティーリャ王国内陸部に強制移住させられ、グラナダ地方の人口構成が大きく変化した。「旧キリスト教徒」がはじめて人口の多数を占め、グラナダ地方のレコンキスタ運動は名実ともに完了したのである。

王権や教会、「旧キリスト教徒」民衆のモリスコ認識が悪化するなかで、異端審問所が活動を活発化させ、異端者として訴追されるモリスコも増加した。

社会的上昇の著しいコンベルソと比べると、訴追されたモリスコの人数ははるかに少ないが、それでも第二次アルプハーラス反乱後に訴追されたモリスコ数は、それ以前の三・五倍に達した。王権の強圧的な同化政策と異端審問所による摘発を背景に、十七世紀初頭に入るとモリスコ、とりわけ子どもたちがアラビア語やイスラーム的習俗を失い、スペイン社会への同化を強めた。同化をめぐる世代間格差の拡大である。一六〇九年のモリスコ追放令は、皮肉にもこうした状況下で発動された。

モリスコ追放前夜にあたる十六世紀末〜十七世紀初頭のスペイン帝国は、政治・軍事的にも、社会・経済的にも深刻な危機に直面していた。そのため都市当局と領主権力の多くは、モリスコ追放に批判的であった。改宗後も差別的税負担を強いられていたモリスコの追放は、労働力の減少とあいまって、都市当局や領主権力の財政基盤を直撃したからである。バレンシア大司教リベーラなど一部の聖職者を除けば、教会や異端審問所もモリスコの「霊的喪失」（再改宗）という神学的理由から、追放に消極的であった。

一五九八年、敬虔なフェリーペ三世が即位し、寵臣のレルマ公がスペイン帝国の対内対外政策を主導した。レルマ公は一六〇九年、オランダとの停戦協定を締結したが、この停戦協定はオランダのカトリックをプロテスタントの手に委ねることを意味し、「カトリックの擁護者」フェリーペ三世にとって、受け入れがたいものであった。神の恩寵に支えられた「メシア帝国」の安寧のためには、スペイン帝国の「呪われた種子」（モリスコ）を排除し、帝国を純化しなければならない。

しかも十七世紀初頭のスペインでは、各地で彗星（すいせい）や日食、月食といった天体現象の異変が確認され、地震も多発していた。一六〇九年五月には、終末を予示するかのように、真夜中に突然夜空が明るくなり、鶴が一カ所に集まり、大きな鳴き声をあげていた。木星と土星の黄経差が0度となり、同一の軌道に入った一六〇三年のグレート・コンジャンクション（大接合）以来、終末の予兆は誰の目にも明らかであった。占星術によれば九という数字は、牡羊座生まれの「終末の皇帝」フェリーペ三世のラッキーナンバーであり、一六〇九年九月の追放決断は、それと関わっているとみるべきであろう。

オスマン帝国やマグリブ地方のサアド朝と結び、ムスリムのスペイン侵攻を企む異端者モリスコを排除することは、スペイン帝国にとって喫緊の課題であった。サアド朝のムーレイ・ザイダーンがマグリブ地方を支配することになれば、モリスコはムーレイ・ザイダーンやオスマン帝国に軍事援助を求め、イスラーム軍がスペインにふたたび侵攻する危険性がある。「第二のスペイン喪失」や「アンダルス再建」を防止するには、モリスコを国外に追放しなければならない。モリスコ追放は、スペイン王位継承権をもつ、ブルボン家のアンリ四世の介入を排除するためにも、不可欠であった。アンリ四世はベアルン総督を介し、バレンシアのモリスコ反乱の首謀者とつながり、モリスコ反乱者への武器供与、フランス艦隊の派遣を画策していたからである。フェリーペ三世や国務会議は、モリスコ追放による人的・物的損失を承知のうえで、おもに政治的・宗教的理由から、モリスコ追放を決断したのであった。

〈関 哲行〉

ドイツ宗教改革とヨーロッパの宗派分裂

ルター派と改革派

イベリア半島で起こった激震、すなわちユダヤ人とムデハル、モリスコ追放は地中海世界とヨーロッパ全体に影響をおよぼしたが、同じ頃、ヨーロッパ中央部・東部一帯でも大事件が起こっていた。プロテスタントの宗教改革である。

ドイツ宗教改革は、修道士マルティン・ルターが聖書の研究と個人的宗教体験によって「信仰のみ」の境地に達し、いわゆる贖宥(しょくゆう)制度を批判する『九十五箇条の論題』〔一五一七年〕をヴィッテンベルク城の教会の扉に掲出した事件によって始まるとされる。一地方の聖職者が起こした小さな論争が、世界史的事件に発展するのである。周知のようにルターは領邦君主、ザクセン選帝侯フリードリヒに支えられて改革を進めたが、このことが政治権力と一体化した体制的なプロテスタント教会の形成の契機となった。

実際、宗教改革はドイツ(神聖ローマ帝国)の政治問題であり、そのことは帝国議会の最終決定や勅令の数々に痕跡を残している。その点で重要なのは、一五二一年のヴォルムス帝国議会でのルターの帝国追放刑(ヴォルムス勅令)、二六年の第一回シュパイヤー帝国議会での宗教改革の容認、二九年の第二回シュパイヤー帝国議会の最終決定による上記の決定の撤回、ルター派諸侯・帝国都市の抗議(プロテスト)である。それと同時に、一五三〇年のアウクスブルク帝国議会におけるルター派の「アウクスブルク信仰告白」の提示、一五四七〜四八年のアウクスブルク帝国議会での「仮信条協定」

ルターによる『九十五箇条の論題』 宗教改革100周年（1617年）に際してつくられた版画で，論題掲出の場面は史実ではなくザクセン選帝侯フリードリヒが見た「夢」とされている。

（カトリックの教義を保つことを条件にパンとブドウ酒による二種聖餐（せいさん）と聖職者の結婚を承認したもの）、一五五五年のアウクスブルク帝国議会での「アウクスブルク宗教平和令」も重要な意味を有する。これはルター派を公認し、「一人の支配者のいるところ、一つの宗教」の原則によって諸侯に宗派選択を委ね、二宗派併存の帝国都市には現状を維持させるものである。こうしてドイツの宗派的分裂は決定的となった。

スイスでも宗教改革は激しく展開していた。スイスはドイツとイタリアの間に位置し、神聖ローマ帝国の支配から事実上自由な都市邦や農村邦のゆるい連邦組織を形成し、アルプスの交通路（峠道）をおさえ、商業・手工業・牧畜・運送業で栄えていた。スイスの宗教改革は、いわゆる「改革派」の系譜に属し、「ルター派」との対比で「カルヴァン派」とも呼ばれるが、その基盤を築いたのはフルドリヒ・ツヴィングリであった。ツヴィングリは「聖書のみ」の立場をルターと共有していたが、ルターのように内面の信仰に議論を集中させず、信仰を「正しい行い」に結実させる努力を信徒に求めた。その倫理観は人文主義(ヒューマニズム)に根ざしていたといわれる。

ツヴィングリの改革は一五二三年の「公開討論会」によって本格化し、市当局の力で前進した。聖書のみに従った説教と礼拝の導入、修道院・聖職者独身制の廃止、教会財産を用いた救貧事業の構築などはルター主義と同じである。ただし、教会や屋外の空間を飾る聖画像の撤去と簡素な礼拝空間の創出に関しては急進的であった(後述するカルヴァン派もそうである)。宗教改革初期のチューリヒ農村部では自治の拡大、教会税の改革、共同体の牧師任免権などを求める運動が激化し、聖画像破壊事件も起きたが、やがて市当局とツヴィングリの柔軟な対応によって沈静化する。

その後、いわゆる婚姻裁判所(道徳裁判所)による規律化が進められ、ピューリタン的ともいえる文化の浸透が試みられた。しかし農村部の自治と反抗の精神は消えなかった。ツヴィングリ主義はバーゼル、ベルンなどの都市邦やグラールス、アペンツェルなどの農村邦にも波及した。宗教改革を教区共同体の多数決に委ねた地方では、宗派的混在状態が生じる。一五二九年と三一年には、宗教戦争が起きる(カッペル戦争)。一五三一年の平和条約では宗派選択問題を諸邦の決定に委ねたが、いわゆる共同支配地では戦勝したカトリックを優遇する体制がとられた。二宗派同権の確立は一七一二年、スイス最後の宗教戦争すなわち第二次フィルメルゲン戦争のあとのことである。なおスイスではドイツの帝国都市と同じく、二宗派による教会の共同利用、二宗派同数の裁判官による仲裁裁判、二宗派同数ないし輪番による行政役人の任命など、共存を可能にする現実的な制度が数多く生まれている。

一五三六年、スイスで新たな変化が始まった。フランス人ジャン・カルヴァンがジュネーヴに到来し、改革を推進したのである。彼の教えの特徴は、救いと滅びの二重予定説と長老会制度にある。長老会は信徒代表(有力市民)を含む点でチューリヒの婚姻裁判所と同じであるが、ジュネーヴでは長老の選任に牧師の同意を必要とし、有力市民(多くの場合、市参事会員)は教会の上には立てなかった。これは教会共同体と市民共同体を融合させて国家教会を樹立したツヴィングリ派の制度設計とは大きく異なる。それでもツヴィングリ派はカルヴァン派との協調に努め、一五六六年には「第二スイス信仰告白」を通じて団結するにいたった。ただし予定説の受容度はドイツ語圏では低かったという。

なおドイツの改革派(カルヴァン派)は、十六世紀前半には東フリースラント(中心都市はエムデン)やニーダーライン地方にしか拠点をもたなかったが、やがて「第二次宗教改革」と呼ばれる攻勢を試み、大きく勢力を伸ばす。プファルツ選帝侯の改宗(一五六〇年)を皮切りに、多くの領邦や都市がカルヴァン派になった。アンハルト、都市ブレーメン、ナッサウ・ディレンブルク、ヘッセンなどである。ドイツの改革派はオランダ、イギリス、スコットランド、スイスの改革派と連帯しており、そのネットワークはさまざまな人的・物質的交流を助けた。

ところで宗教改革は、都市社会に適合的であったといわれる。宗教改革はその「万人祭司主義」と「共同体原理」(個別教会の自律の思想)ゆえに、「聖なる共同体」の自覚をもつ自由都市の仲間団体的精神を再活性化させたとされるのである。「聖なる共同体」とは、その構成員の魂の救いを意識した地域社会のことである。他方、プロテスタントの教えは農村社会にも親和的であったという学説もある。たしかに、一五二五年、農民戦争中にシュヴァーベンで印刷された農民の『十二箇条の要求』にみえる聖書主義、共同体の聖職者任免権要求や、キリスト者の平等の原理にもとづく農奴制廃止要求は、農村的な宗教改革の表現であった。なお農民は宗教改革思想をそのまま受容したわけではなく、それを古い「善行」の観念と融合させたともいわれる。

農民の「保守性」を強調する歴史家は少なくない。しかし、改革思想を都市民は正しく受容し、農民は歪曲したと決めつけることはできない。都市世界においても、プロテスタントの教えとカトリシズムとの混合現象がみられる。古い習俗や迷信の残存については都市も農村も同じであり、合理的思考を都市だけにみてはならない。農耕・牧畜は合理的な組織編成と安定的な技術を前提としている。農民はその日暮らしをしていたわけではなく、一時的情念に動かされて勤労を怠ることもなかった。

宗派化の進行と境界状況

ドイツのプロテスタント教会は、ザクセンやヘッセンにみられるように、領邦国家に組み込まれ、信徒たちの宗教生活の統制は官庁としての宗務局に託された。ザクセンやヘッセンで起こったことは領邦国家の「宗派化」にほかならない。国家と結びついた宗派教会は、独自の信仰告白文の制定、異宗派の出版物の禁止・検閲、巡察、教理問答教育、官吏・聖職者・教師・産婆などの統制、娯楽・暴力・性愛・放浪などを抑圧する条令を公布して違反者を処罰し、公認宗派の教義・倫理規範の浸透と臣民の統制・規律化を試みた。近年の研究によれば、市民や農民たちが町や村の生活秩序を自ら宗派化する活動を担う局面もあった。それは「聖なる共同体」の追求の延長線上にある下からの運動である。

宗派化論には批判も多く、民衆生活の奔放さや古い価値観の残存を強調する研究も多い。宗派的境界を相対視させるような異宗派間の交わりや改宗現象も、君主から聖職者、一般信徒にいたるまで、ヨーロッパのあちこちにみられる。強制改宗もあったが、これを「再改宗」によって帳消しにする個人の行動もみられた。ともあれ自発的改宗は個人の決断を前提としており、共同体的な側面から近世社会を考察するだけでは不十分である。近世は民衆の世界においても個人の意識が覚醒し、自己を語る史料が増える時代である。近世の宗派的境界は総じて不明確であり、非公認宗派に家庭内の私的礼拝や異宗派の隣接地での越境礼拝を許す為政者も多かった。そうした場所では信仰の「私事化」が起こった。なお異宗派に対する寛容度が高い都市や領邦は、異教徒とりわけユダヤ人への寛容度も高いといわれる。近世人はいまだ宗教的価値観の多元性を原理的に承認する近代的な寛容論を知らないが、現実的な妥協と共存の秩序をつくりだす知恵をもっていた。

宗派化論はドイツでさかんな議論であるが、これをイベリア半島にも援用し、統治権力による宗教的一元化の試みと宗教的多様性のせめぎ合いの問題に置き換えて論じる歴史家もいる。宗教間の対立と共存の問題は、同一宗教内の宗派間の対立と共存の問題とはもちろん同じではないが、近世のキリスト教の宗派どうしが互いを邪教ないし不信仰とみなしていた以上、二つの問題には共通する要素がみられて当然である。しかも対抗宗教改革を推し進めたイエズス会のザビエルやロヨラがバスク地方の出身であることを思えば、イベリア半島の宗教と政治の状況を知らずして、ドイツやスイスの宗派化の過程を論じることはできないといえる。オーストリアとスペインを支配していたハプスブルク家の存在も、同じ考慮を歴史家に求めている。

宗教改革はいわば分解の酵母であり、各種の急進派を誕生させた。そのなかにはトーマス・ミュンツァーや一五三四年のミュンスター千年王国(終末の到来を信じる宗教改革急進派が都市を支配した事件)の担い手たちのような黙示録的終末論者もいれば、内面世界に沈潜する神秘主義者もいた。スイスや西南ドイツには厳格な聖書主義に立ち、自覚的信仰をもつ者だけに成人洗礼を施して再洗礼派と呼ばれた人々もいる。彼らはやがて分離主義と非暴力主義を旗印とするようになるが、一五二〇年代には既存の教区共同体の改革を追求し、為政者に抵抗する農民と連帯することもあった。それから一〇〇年たってもスイスの農村には再洗礼派を助け、飲食や隠れ家を提供する住民がいた。再洗礼派は厳しい弾圧にもかかわらずスイス西部、西南ドイツ、オランダなどで生き延びたが、それはモラヴィアにコロニーを形成したフッター派の伝道者にも助けられていた。オランダのメノー派も国境を越えた支援活動を展開していた。十七世紀末にはアーミッシュ派がスイス、アルザス、西南ドイツの再洗礼派のあいだで派生するが、これは分離主義の徹底を求める厳格派である。近世には多くの再洗礼派が信仰の自由を求め、ヨーロッパの辺境地帯やアメリカ大陸への亡命を試みた。再洗礼派は社会変革力をもたなかったものの、彼らの存在自体が、信仰強制の限界、寛容と良心の自由の問題を教会と国家に投げかけていたことは重要である。

宗教改革はユダヤ人にも大きな影響をあたえた。都市と領邦国家における迫害の激化ゆえにロシア・東欧方面に移住を試みたユダヤ人も多い（彼らはアシュケナジームと呼ばれるが、その歴史については第7章を参照）。ドイツに残ったユダヤ人は、都市だけでなく農村にも住んだ。その一方、この時代には神聖ローマ帝国や領邦国家の財政・金融を助ける裕福な「宮廷ユダヤ人」が台頭し、ユダヤ人のあいだに大きな格差が生まれた。

ルターやカルヴァンの名は、プロテスタントの大宗派の生みの親として世界的に知られているが、彼らが宗教的マイノリティの弾圧者であったことを詳しく記した歴史書は少ない。とりわけルター派の「反ユダヤ主義」は壮絶をきわめた。しかしツヴィングリその他の「契約神学者」たちは、ユダヤ人迫害を求めなかった。彼らにとって、ユダヤ人とキリスト教徒は同じ神との同じ契約のなかにいるのだから、暴力は許されないのである。

ここでプロテスタント世界に住む人々のムスリム観にも言及しておこう。宗教改革者の多くはオスマン帝国の脅威を口にし、東方からのイスラーム勢力の侵攻に警鐘を鳴らしたが、急進的宗教改革の担い手のなかには、例えばミュンツァーのように、異なる宗教を信じる人たちの魂の救いの可能性を論じる者もいた。プロテスタント正統派にも「万人救済説」ないしそれに近い立場をとる神学者がおり、その思想的立場からユダヤ人やムスリムの存在を尊重する言説を残した人々もいる。ツヴィングリの名は、ここでも特記されねばならない。

一五五五年のアウクスブルク宗教平和令は、その時点での宗派問題を解決したが、新たな危機はつぎつぎに生まれた。トレント公会議（一五四五〜六三年）とカトリックの対抗宗教改革、プロテスタントとの衝突（とくに二宗派併存地域）、オランダ独立戦争（一五六八〜一六四八年の八十年戦争）と宗教的寛

反ユダヤ主義のビラ　ルターの町ヴィッテンベルクで出回ったもの（1598年）。豚のシンボリズムについては第２章（p. 43）を参照。

容体制の導入、フランスのユグノー弾圧・宗教戦争、領邦君主の突然の改宗などである。一六一八年には、対抗宗教改革を担うイエズス会の教育を受けた皇帝フェルディナント二世のボヘミアでのプロテスタント弾圧を契機に、ついに三十年戦争が始まる。この戦争は宗派的プロパガンダの過熱をよそにスウェーデンやフランスの参戦をへて宗教的性格を弱めていった。民衆世界でも宗派を超えた交流が起こり、隣接する異宗派の集落が軍隊による略奪を前に避難所を提供し合う例もあった。

十七世紀には多くの諸侯が改宗をおこない、宗派化政策を空回りさせていた。臣民の信仰をよそに、ブランデンブルク選帝侯はクレーフェ公領の継承に際してルター派からカルヴァン派に、ザクセン選帝侯はポーランド王位獲得のためにルター派からカトリックになった。ある研究者によると一六四八〜一七六九年までに、合計三一人もの諸侯が宗派を変えていた。宗派の境界はあちこちで越えられており、この境界状況こそ近世を特徴づけるのである。

三十年戦争後の政治と社会は、世俗化に向かって進んでいたといわれる。新時代の主権国家は宗派的大義のために戦争を起こすことはなかった。十七世紀後半にはプーフェンドルフ(一六三二〜九四)のような思想家が、世俗化された自然法にもとづく国際法の理念を追究した。非公認宗派の住民に良心の自由と私的礼拝を認めるウェストファリア条約の成立後、権力による個人の内面への干渉はやわらぎ、信仰の個人主義化・私事化の傾向がいっそう強まる。ただし十七世紀後半以降、民衆の信仰心は政治的領域の世俗化に反比例して強まっていたともいわれる。三十年戦争に神罰をみて贖罪運動が広がったカトリック地域もある。カトリック世界ではバロック的教会芸術の影響下、劇的・感覚的な信仰の表現が好まれ、魔術的要素の増大さえ確認できる。聖心信仰が高まり、巡礼も盛んになった。ただし、ローマやサンティアゴをめざす長距離巡礼より地元の霊場を巡る在地型の短距離巡礼の活発化が近世の特徴である。戦乱と近代的国家の台頭は、長距離の移動を難しくしていた。巡礼や宗教行列を主催する兄弟団の叢生（そうせい）も、近世的な現象である。プロテスタント世界では、伝統的教義にこだわる教会の指導をよそに、祈りと実践（社会事業や教育）に自発的に取り組む敬虔派（ピエティスト）が出現し、異端視されてきた再洗礼派を評価する動きも生まれた。

　おわりに強調しておきたいのは、宗教改革は必ずしも宗教的対立の物語ではないことである。諸宗教・諸宗派間の越境的な対話、境界線自体の流動化もまた語られねばならない。トランシルヴァニア方面に逃れた再洗礼派（反三位一体派）のなかには、ユダヤ教に接近し、土曜日に礼拝をおこなう人々もいた。彼らのなかには現実にユダヤ教に改宗した人々さえいる。再洗礼派はオランダや東欧の一部（モラヴィア、トランシルヴァニア、ポーランドなど）で寛容の対象となった以外、市民革命の時代にいたるまで、処刑や追放、財産没収に苦しまねばならなかった。しかし彼らは、ヨーロッパ各地で、そして亡命先の南ロシアや北アメリカで存続しつづけたのである。彼らは逃げまどうだけでなく、独自の信仰告白や讃美歌や歴史書を出版する力をもった集団であり、独自の宗派を形成していた。彼らは自発的意志にもとづいた自由教会（宗教結社）を結成し、下からの宗派化を不断に推進していたのである。

〈踊　共二〉

第Ⅱ部　忘れられた宗教的マイノリティ

第4章 改宗と再改宗の果てに
近世スペインのユダヤ人とコンベルソ

十五世紀末〜十六世紀初頭の段階で、スペインのコンベルソ(改宗ユダヤ人)は約二〇万人と推定される。彼らの多くは、旧ユダヤ人街に居住し、改宗前と同様の職業に従事した。国王役人や都市役人、高位聖職者となったり、国際商業や金融業に従事する有力コンベルソも一部にみられたが、コンベルソの多くは社会的上昇とは無縁であり、小売商業と靴職、皮革職などの手工業に携わった。しかしコンベルソは異教徒であるユダヤ人と異なり、裁判権や自治権をもたず、王権や異端審問所に個別に向き合わざるをえなかった。それればかりか異端審問所が親子・兄弟・奉公人の告発を奨励したため、家族・親族・兄弟団(コフラディーア)といったコンベルソの社会的結合は、相互不信と憎悪によって寸断されたのである。コンベルソ社会内部にあっても、有力コンベルソとコンベルソ民衆、世代間の相違、キリスト教社会への同化をめぐる対立が浮上していた。

コンベルソ社会のこうした相互不信と対立をついて、異端審問所はコンベルソ社会の解体を進めることができた。「旧キリスト教徒」から疑惑の目を向けられ、家族関係や親族関係を分断されて、アトム化されたコンベルソ。彼らは異端審問所に「剝き出しの個」として向き合わざるをえなかった、キリスト教社会の「内なる追放者」であり、内面的緊張にさらされつづけた。コンベルソのなかには、ユダヤ教の宗教儀礼を守り、キリスト教社会への同化を拒否する偽装改宗者(マラーノ)、真の改宗者、同化拒否と真の改宗のあいだで揺れ動くコンベルソの三類型があったが、もっとも多かったのは第三の類型であった。第一類型のコンベルソ(マラーノ)は、多くが異端審問裁判で火刑にされたり、国外に逃亡したりした。十六〜十七世紀に多数のマラーノを受容したのは、世界最大のユダヤ人居住都市イスタンブルと「西ヨーロッパのイェルサレム」と呼ばれたアムステルダムであった。第三類型のコンベルソも、異端審問裁判にかけられたが、免訴されることが多く、世代を重ねるにつれてキリスト教社会への同化を深めた。

異端審問所に提訴されたコンベルソの数は、十五世紀末〜十六世紀初頭に頂点に達したのち、しだいに減少していった。世代を重ねるにつれ、コンベルソの同化が進行したことが、主たる原因であった。しかし一五八〇年にスペインがポルトガルを併合すると、約五万人と推定される、同化の不十分なポルトガル系コンベルソの一部が、スペインに還流し始める。フェリーペ四世の宰相オリバーレスによるコンベルソ誘致策が、それをさらに助長した。一六二一年に対オランダ戦争(三十年戦争の一環

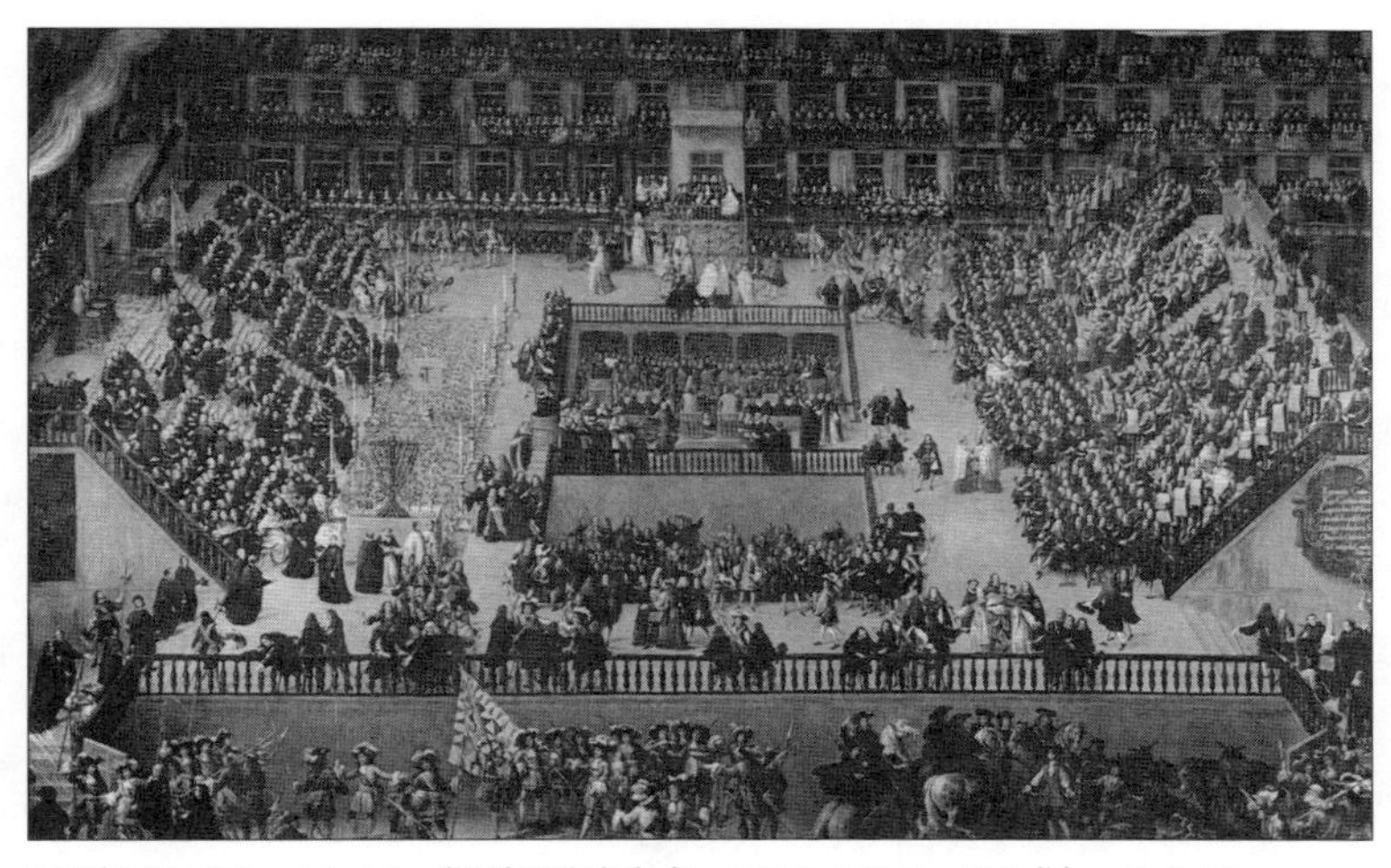

1683年のアウト・デ・フェ（異端判決宣告式。フランシスコ・リシ作）　スペイン王カルロス２世の臨席下にマドリードのマヨール広場で開催された。

といえる）を再開したオリバーレスは、スペイン帝国防衛のため、莫大（ばくだい）な資金と武器の補給、多数の兵士の動員を必要とした。しかし、大幅な人口減少と経済危機で疲弊したスペインに、もはやそれだけの余裕はなかった。そこでオリバーレスは、ポルトガル系コンベルソ銀行家に王室財政の半分を委ね、彼らを介してスペイン軍への資金と戦略物資の供給をはかった。オリバーレスの親コンベルソ政策を背景に、スペインに定住するポルトガル系コンベルソも急増した。

一六四三年、戦局の悪化も手伝ってオリバーレスが失脚すると、異端審問所はポルトガル系コンベルソの摘発を強化し、異端審問活動は第二の頂点に達した。一六五〇年代〜六〇年代、異端審問裁判が激増し、多数のコンベルソがマラーノとして処刑される一方、オランダやフランス、イギリスなど国外へ脱出するコンベルソもあとを絶たなかった。コンベルソへの異端審問活動は十八世紀以降も持続するが、十八世紀後半にはほぼ活動を停止し、一八三四年、正式に廃止された。

以上のようなコンベルソ略史を踏まえ、イサーク・アブラバーネル、ペドロ・アリアス二世、ヨセフ・ナシ、ウリエル・ダ・コスタを例に、近世スペインにおけるコンベルソないしユダヤ人の多様な様態を検証したい。

宮廷ユダヤ人イサーク・アブラバーネル

アブラバーネル家はセビーリャに拠点をおく、カスティーリャ王国の有力ユダヤ人家門で、イサーク・アブラバーネルの祖父サムエル・アブラバーネルは、エンリケ三世の宮廷ユダヤ人、財務長官を務めた。十四世紀末の反ユダヤ運動で改宗を強いられたサムエルは、家族とともにポルトガルに亡命し、ユダヤ教へ再改宗した。スペインと同様ポルトガルにおいても、反ユダヤ運動は広がりをみせていたが、イサークの父ユダ・アブラバーネルは、そうした逆境のなかにあって、国際商業や金融業を展開し、ポルトガルの有力貴族ブラガンサ公の保護下に、有力ユダヤ人家門としての地位を再建した。

一四三七年、リスボンに生まれたアブラバーネル家の継承者イサークは、父ユダの薫陶を受け、有力ユダヤ人の子弟として、イェシヴァで哲学・医学・天文学関連の高等教育を授けられたばかりか、キリスト教徒の支配層——有力ユダヤ人と緊密な関係にあった——に不可欠な、ラテン語・スコラ学

イェシヴァの授業風景　高等教育機関であるイェシヴァでの授業風景。

を学び、セネカやキケロなどの古典文学にも親しんだ。ブラガンサ公やポルトガル王アフォンソ五世の庇護(ひご)を受けたイサークが、父に代わり、宮廷ユダヤ人、ポルトガルのユダヤ人共同体代表となるのは、一四七〇年代のことであった。

宮廷ユダヤ人たるイサークは、王室財政の拡充に辣腕(らつわん)をふるう一方、『マイモニデス駁論(ばくろん)』を著し、知識人としての片鱗もみせ始めた。そうしたなかでアフォンソ五世が急逝し、ブラガンサ公は、新たに即位したジョアン二世への反逆行為、ポルトガル王権と敵対するカトリック両王への内通を理由に逮捕された。危機感を強めたイサークは、スペインへの亡命を決断し、カトリック両王の庇護を求めた。イサークの財政手腕を高く評価していたカトリック両王は、イサークの要請を受け入れ、一四八四年、彼のスペイン亡命が実現する。グラナダ戦争の渦中にあり、財政難に苦しむカトリック両王にとって、イサークは国王側近の一人として、また徴税業務全般を統括する宮廷ユダヤ人として、ぜひとも必要な人材であった。一四八四〜九二年にかけてイサークは、カトリック両王側近の有力ユダヤ人の一人として、誠実かつ精力的に職務を遂行した。

グラナダ戦争の終結した一四九二年、カトリック両王はユダヤ人追放令を発し、すべてのユダヤ人に対し、四カ月以内の改宗か追放かの二者択一を迫った。カトリック両王の圧力に屈し、アブラハム・セネオールやルイス・デ・サンタンヘルといった、国王側近の有力ユダヤ人はあいついで改宗した。しかしイサークは信仰に殉じ、多くのユダヤ人民衆とともに「第二のディアスポラ」を選択した。同年夏、彼はフランス軍の侵攻に揺れるナポリに入り、国王アルフォンソ二世への拝謁を許される。アルフォンソ二世に従ってナポリ、シチリアなどを転々としたのちの一五〇三年、イサークは「終の棲家（ついのすみか）」となるヴェネツィアに亡命した。多数のユダヤ人を受容していた、オスマン帝国の主要都市サロニカへの亡命も選択肢の一つではあったが、ヨーロッパ文化に馴染んでいたイサークにとって、ヴェネツィアはより現実的な亡命先であったのであろう。

一五〇三年当時のヴェネツィアは、香辛料貿易の規制をめぐり、ポルトガルとの外交交渉を進めていた。ヴェネツィア総督にとって、ポルトガル情勢に詳しいイサークは、外交交渉を有利に展開するうえで、最適の人物と映じた。イサークは親族ネットワークを使って、ポルトガルとの外交交渉を推進しようと試みたが、マラーノにして亡命ユダヤ人であることから、十分な成果をあげることができなかった。イサークがヴェネツィアで没したのは、一五〇八年のことである。

このようにイサーク・アブラバーネルは、反ユダヤ運動が高まりをみせた十五〜十六世紀初頭にあって、改宗を拒否し、ポルトガル、スペイン、イタリア各地を転々とした、数少ない有力ユダヤ人の一人であった。イサークの改宗拒否の背景には、祖父サムエルの改宗と再改宗のトラウマ、優れたユダヤ知識人としてイサークが到達した、歴史観やメシア思想が大きく作用していた。

イサーク・アブラバーネルは、理性と信仰の調和を説いたマイモニデスを批判し、信仰の優位、「神の言葉」としての聖書の字義どおりの解釈を主張した、ユダヤ神秘主義者でもあった。イサークによれば、神は最初の六〇〇〇年紀に天と地を「無から創造」されたのであり、七〇〇〇年紀に安息をとられ給う。ユダヤ人の歴史は、こうした神意の表出そのものであって、それは天体の運行や奇跡、夢によって敬虔(けいけん)なユダヤ人に啓示されてきた。しかしユダヤ人が神意を蔑(ないがし)ろにし、欲望に身を委ねたことから、神意を認識できず、堕落の歴史を繰り返してきた。ユダヤ人の虐殺や追放などのユダヤ人迫害は、堕落したユダヤ人への神罰であるが、それはメシア再臨と終末、ユダヤ人救済の予兆でもある。

そのうえでイサークは、『旧約聖書』のなかでもっとも終末論的色彩の濃い「ダニエル書」を根拠に、メシアないし終末の到来を一五〇三〜三一年と算定する。一五〇三年はイサークがヴェネツィアに亡命した年であり、コンスタンティノープル陥落から五〇年目の節目の年でもあった。コンスタンティノープルが、第二神殿を破壊したローマ帝国の継承国家、東ローマ帝国の首都であったことはいうまでもない。コンスタンティノープル陥落は、メシア再臨と終末の予兆であり、ユダヤ人はこれを自覚し、悔い改めるべきである。それがユダヤ人救済と、ユダヤ人を基軸とした「神の王国」実現の前提である。イサーク・アブラバーネルの終末論とメシア思想は、激しいユダヤ人迫害のなかで絶望し、信仰を失いかけていたユダヤ人の救済を企図したものにほかならない。

コンベルソの中米総督ペドロ・アリアス二世

ペドロ・アリアス二世の属するアリアス・ダビラ家は、イサベル一世と関係の深いカスティーリャ北部都市セゴビア出身のユダヤ人家門で、ユダヤ人のあいだではベナサール（アベナサール）家という家門名で知られていた。十五世紀初頭に、小売商業に従事していた祖父のイサーク・ベナサールが改宗し、ディエゴ・アリアス・ダビラと改名した。改宗後、急速な社会的上昇を遂げ、祖父ディエゴは一四三〇年代〜四〇年代に、カスティーリャ王フアン二世の寵臣ビリェーナ公の庇護を受けて、宮廷との関係を深め、フアン二世や王太子エンリケ（のちのエンリケ四世）の顧問官を務めた。エンリケ四世即位後は、国王顧問会議の一員となり、サンティアゴ騎士団（騎士修道会）およびアルカンタラ騎士団への加入を認められ、王室財務長官も兼任した。サンティアゴ騎士団とアルカンタラ騎士団への加入は、アリアス・ダビラ家がスペインの有力家門として認知されたことを意味する。

コンベルソとして異例の社会的上昇を遂げたディエゴであったが、改宗後も秘密裏に、ユダヤ教の宗教儀礼を実践しつづけた。ディエゴがセゴビアのラ・メルセー修道院に、ユダヤ教の宗教儀礼に則って埋葬されたことは、それを示すものである。ディエゴにはペドロとファンという二人の息子があり、ファンが聖界に入ったことから、ペドロがアリアス・ダビラ家を継承した。このペドロの同名の息子が、中米総督のペドロ、すなわちペドロ・アリアス二世である。ペドロ・アリアス二世の父ペドロは、軍人としてカトリック両王に仕え、祖父と同様に、国王顧問会議の一員、カスティーリャ王国の財務長官などを歴任した。

ペドロ・アリアス二世の叔父ファンは、セゴビア司教となり、イサベル一世の側近として、政治的にも大きな影響力を行使した。一四八六年にはセゴビア司教区に異端審問制度を導入したが、このことがアリアス・ダビラ家の存亡に関わる事件へと発展した。アリアス・ダビラ家のコンベルソ奉公人が、セゴビアに異端審問制度を導入し、急速な社会的上昇を遂げた同家への嫉妬と憎悪を募らせ、異端審問所に祖父のディエゴを告発したのである。ファンはセゴビア司教としての権力を行使して、ディエゴの遺体を異端審問所の権力のおよばないローマに移葬させ、またローマ教皇庁への工作を進め、マラーノの痕跡を消去した。この隠蔽工作はイサベル一世の知るところとなるが、イサベル一世は、長年にわたる同家の王権への奉仕に配慮し、穏便な処置でこの案件を落着させた。

ペドロ・アリアス二世は一四六〇年頃にセビーリャで生まれ、王侯や有力貴族の子弟とともに、宮廷で育てられた。成人後、カスティーリャの名門貴族で、カラトラバ騎士団長職にあったボバディーリャ家のイサベル・デ・ボバディーリャと結婚した。イサベル・デ・ボバディーリャは、イサベル一世側近のモヤ公女の親族にあたり、ペドロ・アリアス二世の昇進と苦境からの脱却に重要な役割をはたした。

ペドロ・アリアス二世は、父同様にカトリック両王のもとで軍人として勤務し、一四九二年に終結するグラナダ戦争や一五〇八～一一年の北アフリカ戦役、とりわけマグリブ地方の戦略拠点オランやブージー攻略に軍功をあげた。北アフリカ戦役の過程で、イサベル一世没後のカスティーリャ摂政にして枢機卿のシスネーロスの信任を勝ち得、その後ろ盾をえることができた。こうした有力者の庇護と軍功を背景に、一五一三年、中米植民地のカスティーリャ・デ・オロ総督に登用された。ペドロ・アリアス二世は妻や家族、奉公人、奴隷、一〇〇〇人ほどの兵士や植民者(親族や同郷者を含む)をともなって現地に赴任し、一五一四年、初代総督として着任する。異端審問所に訴追されたマラーノの家系に属する者が、広範な権限をもつアメリカ植民地の初代総督に任じられた、数少ない事例の一つである。

着任後ペドロ・アリアス二世は、異教徒のインディオを征服・教化し、ベレン、ノンブレ・デ・ディオス、サンタ・クルス、パナマ、レオン、グラナダなどの諸都市を建設する。新設都市の都市役人レヒドールには、親族や同郷者をあて、総督の支配権を強化し、パナマ地峡を南米征服の拠点としていく。同時にインディオを奴隷として売却し、莫大な利益をあげた(一五一二年のブルゴス法は、一部に例外はあるものの、インディオの奴隷化を禁止した)。一五二八年、ペドロ・アリアス二世は、天然痘の蔓延(まんえん)や奴隷貿易により、インディオ人口が激減していたニカラグア総督に転身する。ニカラグアにおいても、インディオへの過酷な支配を断行したことから、「インディオの擁護者」とされるドミニコ会士、ラス・カサスに名指しで批判され、スペイン本国の異端審問所からも不信の目を向けられた。一五三一年、ペドロ・アリアス二世は、自ら創設したニカラグアの都市レオンで没し、同市内のヌエストラ・セニョーラ・デ・ラ・メルセー修道院に埋葬された。

マラーノという瑕疵(かし)のある家系に連なるペドロ・アリアス二世にとって、異教徒であるインディオの征服・教化は、神と王権によって命じられた天与の使命であり、万難を排して遂行すべきキリスト教徒の責務であった。大西洋を越えた中米植民地においても、時にマラーノとして指弾されたペドロ・アリアス二世は、瑕疵を払拭するためにも、キリスト教徒としての義務を過剰に意識せざるをえず、それがインディオへの圧政につながったのであろう。ペドロ・アリアス二世は、インディオの征服・殺戮(さつりく)を教化のための必要悪とみなし、良心の呵責(かしゃく)をほとんど感じていない。この点はコンキスタドールのピサロやコルテスと比べても、はるかにプラグマティックである。

有力家門へ成り上がったとはいえ、瑕疵ある家系であることを自覚するペドロ・アリアス二世は、一五一四年の遺言状のなかで、マヨラスゴ(限嗣(げんし)相続財産)を継承する息子に、毎日ミサに参列し、騎士としての武芸に励み、歴史・哲学・神学などを修めるよう助言している。マラーノという汚点を払拭し、三世代をかけて築き上げてきた、スペインの有力家門としての地位を維持するには、息子に洗練されたキリスト教徒の騎士としての教育を施すことが、不可欠であると判断したからにほかならない。

オスマン帝国の宮廷ユダヤ人ヨセフ・ナシ

ナシ家はアラゴン王国やカスティーリャ王国の宮廷医、徴税請負人を務めた有力ユダヤ人家門であったが、ユダヤ人追放令の出た十五世紀末にポルトガルに亡命した。しかしポルトガルでも一四九六年、ユダヤ人追放令が出され、改宗を余儀なくされた。十六世紀前半のナシ家の当主は、ポルトガル王室の宮廷医を務めるミゲスで、ヨセフ・ナシ(洗礼名ジョアン・ミゲス)は、宮廷医ミゲスの息子として一五二〇年頃に生まれた。宮廷医ミゲスの姉(妹とも)グラシア・ナシ(洗礼名ベアトリス・デ・ルナ)は、国際商業や金融業を手広く営むポルトガルの有力コンベルソ家門、メンデス家のフランシスコ・メンデスと結婚しており、ヨセフ・ナシは父ミゲス亡きあと、伯母(叔母)グラシア・ナシの手で育てられた。

メンデス家も十五世紀末にスペインからポルトガルに亡命し、改宗したスペイン系コンベルソ家門である。「旧キリスト教徒」による差別と迫害が恒常化するなかで、有力コンベルソ家門は、その社会的・経済的地位を維持するため、「同族結婚」を積み重ねざるをえなかった。有力コンベルソ家門の子弟にふさわしく、ポルトガル時代のヨセフ・ナシは騎士としての教育を受け、歴史や文学などさまざまな学問と多言語の習得に努めた。

フランシスコ・メンデスが急逝し、ポルトガルに異端審問制度が導入された一五三六年、マラーノのグラシア・ナシは身の危険を感じ、娘レイナと甥のヨセフをともなって、メンデス家の基幹支店のあったアントワープに脱出した。当時スペインの支配下にあったフランドル地方で、ヨセフ・ナシは、西ヨーロッパ各地の商人・文人・芸術家・宗教改革運動の指導者などの知己を得、ブリュッセルの宮廷に出入りし、カルロス一世から騎士の称号すら授与されている。一五三〇年代後半〜四〇年代前半のヨセフ・ナシは、伯母(叔母)を支えてメンデス家の企業経営に参画し、フランス王権への貸し付けをおこない、またリヨン、ナポリなどの支店を拡充させた。フランス王フランソワ一世、スペイン王太子たるフェリーペ(のちのスペイン王フェリーペ二世)と接触するのも、この時期であった。

こうした状況下にあった一五四四年、ヨーロッパ有数の「ビジネス・ウーマン」グラシア・ナシは、アントワープに設立された異端審問所の摘発を恐れ、家族やコンベルソの奉公人をともなって、北イタリアへの亡命を決断する。マラーノとしての告発を受けたグラシア・ナシは、ヴェネツィアで一時拘束されるものの、ヨセフ・ナシはスレイマン一世側近のユダヤ人宮廷医モーセス・ハモンに働きかけ、スレイマン一世を通じて、ヴェネツィア政府に通行許可証の発給を急ぐよう圧力をかけた。一五五三年、グラシア・ナシはバルカン半島経由でイスタンブルに到着し、ただちにユダヤ教に再改宗した。ヨセフ・ナシは翌年イスタンブルでグラシア・ナシと合流し、ユダヤ教に再改宗するとともに、グラシア・ナシの娘レイナと結婚する。

ヨーロッパの政治・経済・軍事情報に精通したヨセフ・ナシは、スレイマン一世に歓待され、イスタンブルの宮廷ユダヤ人としての道を歩み始めた。スレイマン一世没後、セリムと兄バヤジットのあいだで継承争いが勃発するが、ヨセフ・ナシはセリムのスルタン位継承に重要な役割をはたし、セリム二世の寵臣となった。ヨセフ・ナシはユダヤ人でありながら、ナクソス公に任じられ、種々の特権を下賜されたのみならず、宮廷内でも強い影響力を保持した。宮廷ユダヤ人としての政治力を背景に、ヨセフ・ナシはグラシア・ナシとともに、ムスリムとの共同出資会社を設立し、大規模な国際商業や金融業を展開した。グラシア・ナシの「商業帝国」を実質的に支えたのは、甥にして女婿のヨセフ・ナシであった。

ユダヤ人やコンベルソの情報ネットワークを介し、ヨーロッパ各地の事情に通じ、多言語を操るヨセフ・ナシは、セリム二世の外交顧問として、オランダ独立戦争にも関与した。地中海をめぐりオスマン帝国と敵対するスペイン帝国は、セリム二世とマラーノにして亡命ユダヤ人であるヨセフ・ナシの双方にとって、打破すべき障壁であり、オランダ独立戦争支援は、そのための手段であった。スペイン帝国の内情を熟知していたヨセフ・ナシは、その最大の弱点がオランダ独立戦争にあることを見

▲**16世紀半ばのイスタンブル**　イスタンブルは16世紀前半に世界最大のユダヤ人居住都市となった。

◀**グラシア・ナシ**　グラシア・ナシは，16世紀に「商業帝国」を樹立したヨーロッパ有数の「ビジネス・ウーマン」である。

抜いていた。

そこでヨセフ・ナシは、オラニエ公やプロテスタントと接触し、オランダ独立戦争を側面から支援した。オランダの独立は、スペイン帝国を弱体化させるばかりか、イベリア半島のマラーノに貴重な「避難所」を提供するからである。同様の思惑から、スペインのモリスコ反乱(第二次アルプハーラス反乱)も支持し、東地中海の戦略拠点キプロス攻略を実現した。しかしキプロス攻略は、スペイン、ヴェネツィア、ローマ教皇による対トルコ同盟の結成を促し、レパントでの敗戦、ヨセフ・ナシ失脚の一因ともなった。レパントでの敗戦はヨセフ・ナシの外交政策の失敗に帰せられ、セリム二世側近の宰相との対立も表面化した。一五七四年にセリム二世が没すると、スルタン位を継承したのは、宰相が擁立したムラート三世であった。ユダヤ人嫌いのムラート三世のもとで、ヨセフ・ナシは帝国政治の中枢から排除されることになる。

ヨセフ・ナシはグラシア・ナシ同様に、有力ユダヤ人の宗教的義務として、迫害と貧困に苦しむマラーノやユダヤ人の救済に強い関心を示した。シナゴーグ(ユダヤ教会)や学校、施療院を各地に建設したばかりか、ガリラヤ湖西岸の小都市ティベリアスの再開発に奔走したのである。荒廃した小都市ティベリアスは、イェルサレム、ヘブロン、サフェドと並ぶユダヤ教の四大聖地の一つで、中世最大のユダヤ人哲学者マイモニデスの墓所を擁した[三三頁]。十六世紀半ばにはヨーロッパを追われた、アシュケナジーム(ドイツ・東欧系ユダヤ人)を含む多数のユダヤ人が、ユダヤ神秘主義者イサーク・

ルリアの影響下に、「メシア再臨の地」とされるガリラヤ湖北部の都市サフェドに定住している。ヨセフ・ナシのティベリアス再開発も、こうした動向と無縁ではなかったであろう。

一五六一年、ティベリアスをセリム二世から恵与されたヨセフ・ナシは、周囲に防備用の城壁をめぐらし、ヨーロッパ各地を追われたユダヤ人やマラーノ手工業者を入植させて、シナゴーグを再建した。同時に、ユダヤ人の伝統的手工業であった絹織物工業を興し、ティベリアスの経済基盤の拡充をはかった。食料品の確保を目的に、ガリラヤ湖の内水面漁業や農業の振興にも意を用いたが、ヨセフ・ナシの没した十六世紀末には、遊牧民ベドウィンの侵入、新設されたユダヤ人共同体へのムスリムの反発も手伝って、ティベリアスはふたたび衰退した。ユダヤ人入植者による「ユートピア都市」の建設は、一過性のもので終わったが、ティベリアスの再開発は、歴史に翻弄された有力ユダヤ人(マラーノ)による救貧事業の一環として、記憶されてよい。

異端のマラーノ、ウリエル・ダ・コスタ

ダ・コスタ家は十五世紀末の追放令により、ポルトガルへ亡命し改宗した、富裕なスペイン系ユダヤ人家門である。ウリエル・ダ・コスタは一五八四年頃、ポルトガル北部の主要都市ポルトで、このコンベルソないしマラーノの家庭に生まれた。洗礼名はガブリエルという。聖書に精通したコンベルソの聖職者であった父の影響で、ウリエル・ダ・コスタもコインブラ大学へ進学し、聖書研究に没頭

アムステルダムのシナゴーク　17世紀のアムステルダムに建設されたセファルディーム(地中海系ユダヤ人)のシナゴーク。

した。しかし父が亡くなり零落したダ・コスタ家は、母が敬虔なユダヤ人(マラーノ)であったことも手伝い、再改宗を決断し、一六一七年にアムステルダムに亡命した。ダ・コスタ家の親族は、アムステルダム、ハンブルク、ブラジルなど各地に拡散しており、同家が、西ヨーロッパ最大のユダヤ人共同体を有するアムステルダムへの移住を決断したのは、合理的な選択であった。

アムステルダムでは母方の親族が、ユダヤ人共同体創設者の一人に名を連ねていたし、ウリエルの弟ジョアンも、同地のユダヤ人共同体に短期間で同化していた。アムステルダムでは、こうした親族の援助が期待できたのであり、親族ネットワークに支えられて、生活基盤の再建も比較的容易であったろう。アムステルダム定住後、ウリエルはユダヤ教の宗教儀礼や聖書解釈をめぐり、ラビを含むユダヤ人共同体当局と対立を深め、異端者として破門される。そのため一時期、比較的大きなユダヤ人共同体のあったハンブルクに移住するが、ふたたび追放され、屈辱的な条件をのんで、アムステルダムへの帰還を許された。しかしウリエルは異端的言説を繰り返し、家族からも忌避されて、一六四〇年、自ら命を絶った。宗教的自由を求めて亡命したはずのアムステルダムにおいて、彼は異端者として孤立を深め、自殺に追い込まれたのである。

アムステルダムやハンブルクで、ウリエルが目の当たりにしたユダヤ教は、ポルトガルで長い間思い描いてきたそれとは、大きくかけ離れていた。あまりに儀礼的で、『旧約聖書』の言説から乖離した空疎なユダヤ教というのが、ウリエルの率直な印象であった。安息日の衣替えや断食など、瑣末な宗教儀礼が重視され、日常的に実践されているばかりか、霊魂の不滅や死者の復活、神の啓示、殉教がユダヤ教の根本教義として、シナゴーグで説かれている。コインブラ大学でキリスト教神学を学び、反ユダヤ的教説の洗礼を受けたウリエルからすれば、これらは聖書に根拠をもたない、ラビの「創作」にすぎず、「真のユダヤ教」から逸脱し、それを歪める教義である。絶えざる暴力や抗争の主要因も、ここにある。神は「自然」のなかに宿るのであるから、「真のユダヤ教」も「自然法」にもとづくものでなければならない。

ウリエルのユダヤ教正統派(ラビ派)批判は、多くのユダヤ人にとって受け入れがたいものであった。

彼らは、ユダヤ人追放や異端審問所による迫害の過程で、故郷を追われ、やっとの思いで到達したアムステルダムやハンブルクに、ユダヤ人共同体を再建した敬虔なユダヤ人である。こうしたユダヤ人にとって、霊魂の不滅や死者の復活、神の啓示、殉教の否定は、迫害の犠牲となった家族や親族、同胞への侮蔑と否定を意味した。霊魂が死すべきものであるとすれば、葬儀や死者のための祈りは無価値となり、神の啓示や殉教は「自然」に反するものとみなされるからである。

ウリエルのユダヤ教正統派批判は、カライ派〈聖書主義の立場をとり、ラビやタルムード〈口伝律法〉を否定するユダヤ教の少数派〉と共通する部分が少なくないが、それは、ウリエルがポルトガルでマラーノとして孤立しながら、キリスト教的雰囲気のなかで聖書を学び、解釈したことと深く関わっている。十七世紀前半のアムステルダムのユダヤ人共同体から、異端者として断罪、排斥されたウリエルは、同様の運命をたどるスピノザの先達、ユダヤ教世俗化の先駆者として、刮目（かつもく）すべき知識人である。

〈関　哲行〉

第5章 旅人たちの宗教

峠道の社会史

　現代の歴史学は、しばしば海と大河、そして港町を扱いながら、文明の交流、交易、亡命、移民、諸宗教の伝播や衝突、融合などをテーマとする。それは海と大河、それらを渡る船、船が停泊する港町こそ、遡りうる限りの人類史において、人と人、知識と知識、観念と観念、そしてモノとモノの交流を促進してきたからである。しかしながら、山岳地帯の重要性も忘れてはならない。山は平地と平地を隔て、両側に別種の文明が形成されることがあるが、そこには同じ文明生活が営まれ、同じ政治制度や経済活動、あるいは芸術や宗教が共有されている場合もある。大河の源流は山地にあり、水は高いところから低いところに流れ、その流れに沿って道ができ、その道を通って山と平地、そして海とが結ばれていることを思えば、それも当然である。山は障害物とみなされがちだが、谷と川、低い尾根をたどれば、人にも家畜にも、越えられない山脈はない。頂上をめざす登山家にとっての山と、交流ないし交通を目的とする旅人にとっての山は異なるのである。

アルプス山脈は、ヨーロッパ史においてとりわけ重要な交通路である。アルプスの北と南にそれぞれ重要な政治的・経済的中心があり、文化的・宗教的中心が存在したからである。ヨーロッパ・キリスト教世界において最重要の巡礼地をあげれば、南にはローマがあり、西にはサンティアゴ・デ・コンポステーラがあった。アルプス山中には、その両方に通じる巡礼路があり、さまざまな言葉を話す旅人が通過していた。アルプスのただなか、あちこちのカトリック教会の近くにあるサンティアゴの帆立貝の道標を実際に目にすれば、ヨーロッパは狭いと実感できる。

アルプスの峠道は、ローマ時代からいくつも開かれていた。西からあげれば、マッダレーナ、モンジュネーヴル、モン・スニ、プティ・サン・ベルナール、グラン・サン・ベルナール、シュプリューゲン、ゼプティマー、レッシェン、ブレンナーなどである。スイス中央部を通るザンクト・ゴットハルトは十三世紀になってから開かれ、交易にも軍事にも重要な役割を担った峠道である。この通路を通り、ライン川とその支流を使えば、一部の峠道を除いて、ほとんど陸路は使わないでヨーロッパを縦断できた。アルプス交通は「水路」によって成り立っていたのである。

峠道は、長い歴史を通じて、支配層やマジョリティ社会の住人たちの独占物であったわけではない。被差別民も亡命者も、異端者も異教徒も同じ道を通ったのである。峠道の旅人に焦点をあてれば、ヨーロッパの歴史は違う様相をみせる。以下、旅人たちの宗教の問題を中心に、通常の歴史叙述ではみえにくいマイノリティの歴史に迫りたい。

死者の礼拝堂——ザンクト・ゴットハルト峠

ドイツ語圏のホスペンタール側からであれイタリア語圏のアイロロ側からであれ、急峻なつづら折りの峠道をのぼり、ザンクト・ゴットハルト峠の狭い平坦地(標高二〇九一メートル)に達すると、旅人は石造りの礼拝堂と宿泊所、そして冷気を漂わせる深く青い湖を目にする。その名をピアッツァ湖という。礼拝堂は、一二〇〇年頃にドイツ語圏側のシェレネン峡谷に馬も通れる交易路が開かれた頃、ミラノ大司教の手で増築されたといわれるが、その起源は不明である。いずれにしてもこの礼拝堂は聖ゴットハルトに捧げられている。聖ゴットハルトは十一世紀にドイツのヒルデスハイムで司教を務めた人で、生前の慈善の業ゆえに、また死後に起きた奇跡ゆえに一一三一年に列聖され、各種の病気や自然災害(雹害(ひょうがい))から信徒を守ると信じられ、旅人とくに商人の守護者として崇められていた。アルプス一帯にその名を冠する教会や礼拝堂がある。ザンクト・ゴットハルト峠の礼拝堂では巡礼祭がおこなわれ、年に何度か、周辺の村々のカトリック信徒たちが行列してのぼってきた。

峠には宿泊所(施療院)も十三世紀前半には建っていたが、建設者はわかっておらず、ディーゼンティス修道院長かミラノ大司教ではないかと推測されている。管理と運営ははじめ司祭がおこなっていたが、しだいに山麓の村アイロロに託されるようになった(アイロロは政治的には峠そのものと同様、スイス中央部の農村邦ウーリの支配を受けていた)。宿泊所の施設長はアイロロの村民のなかから任命され、慣例的にフラーテ(ブラザー)と呼ばれていたが、彼は俗人であり、妻帯者であった。しかし宿泊所は宗教施設ないし慈善施設としての性格を失っておらず、十七世紀初頭の記録でも、貧しい人々は三日間無料で滞在でき、嵐や雪崩、落石の被害が出ているときにはそれも延長できるとされていた。その建物は交易品用の倉庫や畜舎も備えていた。

十七世紀前半には、十六世紀後半にカトリック改革を推進したミラノ大司教カルロ・ボロメオの肝煎りで施設の改善が進められた。ボロメオの死後も歴代の大司教によってその遺志は受け継がれ、一六八三年には二つ目の大きな宿泊所が建設され、カプチン会に管理が託された。カトリック教会にとってイタリアとアルプスの北をつなぐ道は、宗教面でも政治・経済面でも重要であった。こうしてアイロロの村人が管理する古い宿泊所と修道士の管理する新しい宿泊所がそれぞれの役割を最大限はたし、年間四〇〇〇人はくだらない旅人の世話をすることになる。興味深いことに、アルプスのどちらかの側で飢饉や疫病が発生すると、峠越えの旅人は倍増したといわれる。現代的な表現を用いれば、それは難民にほかならない。

峠は天候によっては危険な場所であり、遭難者が出ることもしばしばであった。死者が出たときにはどうしたのであろうか。古い歴史を再現することは難しいが、峠の礼拝堂や宿泊所からやや離れたところ、トレモラと呼ばれる曲がりくねった旧道に面して、ごつごつした岩の上に建つ小さい礼拝堂

▲ザンクト・ゴットハルト峠道(トレモラ，2012年撮影)

◀ザンクト・ゴットハルト峠の坂道にたつ死者の礼拝堂(背面，2012年撮影)

に目を向ければ、その一端がみえてくる。この建物は「死者の礼拝堂（カペッラ・デイ・モルティ）」と呼ばれてきた。十八世紀にチューリヒのプロテスタント教会の牧師ハンス・ルドルフ・シンツが残した記録には、峠で死人が出ると、宿泊所(施療院)の施設長が身元を調べ、持ち物などからカトリック教徒だとわかったときだけ、その遺体をアイロロの村に運び、司祭に埋葬を依頼したという。埋葬式には村長とその夫人が喪服を身につけて同席したとされる。埋葬料は村の負担であった(これはミラノ大司教に対する義務に由来すると考えられる)。しかしカトリック教徒かどうか不明の場合、遺体はアイロロではなく峠の死者の礼拝堂に運ばれ、そこに横たえられた。儀式はおこなわれず、埋葬もされなかった。礼拝堂の背面の岩場に打ち捨てられたともいわれている。

十七世紀の初め、ミラノ大司教フェデリコ・ボロメオ(カルロ・ボロメオのいとこ)が峠の巡察をおこなった際、死者の礼拝堂にも足を延ばしたが、そのときの模様がつぎのように記録されている。

> その礼拝堂の扉はいつも開いており、多くの遺体が被いもかけないまま、並べるというより積み重ねてある。それらは昼夜を問わず熊などの野獣の餌食になっている。この小さい礼拝堂の裏手に穴を掘って埋葬すればよいのか、それとも自然に任せるのがよいのか。時間がたち、引き裂かれた遺体の数々は、裏手の小川に折り重なるように捨てられている。その小川はティチーノ川に注いでいる。

死者の礼拝堂について、これ以外の記録はない。フランス革命の頃に古文書が消失したからである。

フランス軍とロシア軍・オーストリア軍がアルプスで繰り広げた戦闘の結果、トレモラのあちこちでも白兵戦が展開され、遺体の山ができた。死者の礼拝堂には敗北したロシア兵の遺体が積み重ねられたという。ザンクト・ゴットハルト峠はアルプスの山奥にあるが、そこは時間が止まったような「僻地」ではない。さまざまな言語が飛び交い、異なる宗教を信じる旅人が宿泊する場所であり、国際的対立にじかに巻き込まれて戦場にさえなった場所なのである。

十六世紀以降、ザンクト・ゴットハルト峠はスイスのカトリック邦ウーリとミラノ大司教に守られ、カトリック文化圏でありつづけた。しかしそこは見方によってはカトリックの大海に浮かぶ「多宗派」の小島である。この峠道はイタリアとスイスのカトリック世界の中心地（例えばルツェルン）を結び、さらにはドイツのカトリック地帯にいたる通路であったが、チューリヒやベルン、バーゼルなどのプロテスタント都市も近世を通じてイタリア諸国家と政治的交渉や交易をおこなっていたから、それはプロテスタントたちの道でもあった。

一六一五年、チューリヒの商人たちは絹織物の取引の中心地である北イタリアのベルガモと同市を結ぶ定期便（飛脚）の制度を確立し、片道五日の早さで情報のやりとりをおこなった。同時にコモ—ミラノ間の便も確保している。バーゼルもまたミラノ便を運営していた。これらのプロテスタント諸邦に対して、ウーリやシュヴィーツ、ルツェルンなどのカトリック邦も通信の強化をはかり、一六五三年には水路を活用してルツェルンとミラノを四日で結ぶ郵便制度を築くが、通商路の封鎖によって峠道の独占を達成することはできなかった。もしプロテスタント側が所領の通商路を対抗的に封鎖してしまうと、ドイツやネーデルラント、フランスなどへの交通が不便になり、イタリア商人の理解も得にくくなるからである。

ベルンは一六九六年、スイス中央部のカトリック諸邦、ミラノ、ヴェネツィアを相手に大がかりな協定を結び、チューリヒとベルンを起点とするゴットハルト郵便路を確立した。それは宗派主義が暗黙のうちに克服された時代である。ただし宗派国家は生きており、異教徒や異端者に市民権を与えることはなかった。いまだこの時代には、異教や異端は「正しい宗教」の確立という国家の大義に反し、住民の魂の救いを妨げる存在だったのである。しかし、アルプスの峠道は日々、多くの異教徒や異端者をアルプスの両側に運んでおり、宗教間・宗派間の接触の影響は、街道筋の町や村から放射状にカトリック国家やプロテスタント国家の奥深くまでおよんでいった。それは港町から異文化や異宗教の影響が拡散するのと同じである。

ザンクト・ゴットハルトの死者の礼拝堂に累々と横たわる宗教不明の旅人の遺骸は、多くの非カトリック教徒がカトリック圏の峠を越えていたことの証拠でもある。ザンクト・ゴットハルト峠だけでなく、アルプスのほかの峠道も同じである。宗派の境界はアルプス世界の随所にあったからであり、それらを越えなければ、商人にも遍歴の職人にも、飛脚にも兵士にも、巡礼者にも亡命者にも、長い旅は不可能だったからである。

巡礼者、異教徒、改宗者

アルプス世界は決して山に閉ざされた場所ではない。そこは峠道と河川・湖沼が毛細血管のように走り、ヒトとモノを運ぶ通路である。アルプスの峠道は、巡礼者が行き交う場所であり、聖地イェルサレムを目的地とする旅人も、この山脈の峠道のどこかを通り、多くの場合、一生に一度の鮮烈な異文化体験をして、同じ道を通って帰途についた。近世とりわけ十六世紀においては、宗教改革の動乱やオスマン帝国との争いゆえに、ヨーロッパ人の聖地巡礼は難しくなっていたが、貴族や裕福な市民を中心に、この長旅を企てた人たちは少なくない。アルプスに生きるスイス人のなかにも、聖地への旅を決行した篤信の巡礼者たちがいる。一五二三年五月にチューリヒを旅立ち、九月初めに聖地に入り、十月初旬まで滞在して翌年の一月末に帰還した裕福な市民、ペーター・フュスリ(一四八二〜一五四八)もその一人である。

鐘鋳造工にして傭兵体験があり、市参事会員も務めたフュスリのイェルサレム巡礼の動機はよくわかっていない。詳しい巡礼日記を残しているものの、贖罪や病気平癒といった目的はいっさい記されていない。ツヴィングリの宗教改革の支持者であったから、カトリック的な巡礼ではないかたちでキリスト教の始まりの地を見ておこうと考えたのかもしれない。いずれにしても、その旅路は克明に再現できる。

フュスリとその仲間は五月初旬にチューリヒを出立し、すぐ南のアインジーデルンを経由してスイス東部のヴェルデンベルクという町に行き、そこの代官ルートヴィヒ・チュディと会った。彼が聖地巡礼の経験者だからである。その後フュスリはフォアアルルベルクのフェルトキルヒ（オーストリア東部）を通り、標高一五〇七メートルのレジナ（レッシェン）峠を越え、険しい山道をくだり、北イタリアのメラーノ（メラン）、トレント（トリエント）などをへて南下し、二週間弱でヴェネツィアにいたる。そこで聖地に向かう船に乗ったのは七月半ば、地中海を旅してパレスティナのヤッファの港に着いたのは八月末であった。そこからフュスリはラマ（ラムラ）を通って内陸部に向かって騎行するが、その途上、ムーア人と称する人たちに出会い、皮膚が黒くないことをいぶかった。ラクダを連れて旅をするユダヤ人の一団にも出会い、彼らがムスリムのアラブ人の蛮行を恐れていることを知って納得したり、つぎつぎにさまざまな体験をする。

ペーター・フュスリの肖像（ハンス・アスパー作，1535年）

イェルサレムに入って最初に訪れたのは聖墳墓教会である。フュスリは市内のあちこちを見てまわりながら、ベタニアに赴いてマグダラのマリアにまつわる史跡を訪ね、ベツレヘムの降誕教会に詣でることも忘れなかった。イエスが十二弟子と最後の時を過ごしたオリーヴ山も訪ねた。帰途ラマの宿ではトルコ人の一団と食堂で遭遇することになる。フュスリたちは彼らからブドウ酒を手に入れようとするが、うまくいかなかった。ヤッファからの船旅はクロアチアのドゥブロヴニクを経由するもので、ヴェネツィアに上陸してから、アルプスに向かう道は往路とほとんど同じであった。

フュスリの旅は、アルプスの峠道とアドリア海、地中海、そして海の向こうの中東世界がどのようにつながっていたかを理解させてくれる。アルプスの北に住むキリスト教徒がキリスト教の誕生の場所に、聖書に出てくる地名にどれほど関心をもっていたかも知ることができる。そしてユダヤ人やムスリムにどのような感情をもっていたかもわかる。フュスリの日記からは、反ユダヤ主義的な感情やイスラームへの敵意は読みとれない。彼は意外なほど冷静なのである。一五二一年にスレイマン一世の軍勢がベオグラードを陥落させ、多くのキリスト教徒をイスタンブルに連れ去り、翌年にはロードス島(ヨハネ騎士団領)を奪い、ハンガリーやルーマニアに迫っていた時期である。その後、第一次ウィーン包囲(一五二九年)、バルカン半島への進出をへて、トルコ人(ムスリム)はヨーロッパ人にとっていっそう身近な存在となる。ヨーロッパの随所で緊張に満ちた共存が求められたのである。それはハンガリーやトランシルヴァニアのように、オスマン帝国の支配下に入れられた地域だけの問題ではなかった。

十六世紀後半以降、ドイツにおいては、戦争で捕虜になったトルコ人をキリスト教に改宗させる動きが広がっていた。ある近世史研究者は、ウィーンで六五一件、グラーツで一一七件、バイエルン(全体)で一六六件、ベルリンで一五件など、ムスリムの改宗(受洗)の事例をあげている。一五七三年、ルター派の都市ハレでサロモン・ブガッリというトルコ人が洗礼を受け、パウル・ヴィリヒと改名してキリスト教徒としての生活を始めた。こうした改宗者はしばしば、受け入れてくれた教会の教えの正しさを物語る証人としての役割を求められ、回顧録を書かされたが、ヴィリヒの残した文書には、戦争で捕虜になってドイツで苦しい生活を強いられたこと自体が、真の宗教に出会うための神の恵みであったと書いてある。ドイツで捕まったムスリムたちは下層の奉公人として働くことが多かったが、当時のオスマン帝国の場合のように奴隷にされることはなかった。異郷の地に定住した元ムスリムの子孫たちは、いまもドイツのどこかに暮らしているであろう。

近世ドイツにあらわれた異教の民は、神学者たちに難問をつきつけた。キリストを受け入れると告白したムスリムに洗礼を施すことに異論の余地はなかったが、ムスリム夫婦の子ども(幼児)にも洗礼を施してよいかについては意見が分かれていた。異教徒の子は、自ら信仰を告白できる年齢に達するまで洗礼は待つべきであると主張する神学者と、キリスト教徒の家庭に生まれた場合と同じく、幼児洗礼は可能であると教える神学者がいたのである。厳格な予定説をとり、信仰を獲得して維持する確証が得られるまで待つべきとするプロテスタント(カルヴァン派)神学者は前者の立場をとり、カトリック神学者は後者の立場をとった。いわゆる万人救済説を信じるプロテスタント神学者も後者の立場をとった。ただし、予定説信奉者のなかにも、自覚的信仰と洗礼を結びつけることは再洗礼派[第7章参照]の主張を肯定することにつながると恐れる者もおり、どの領邦や都市でも、この問題についての最終的な結論が出ることはなかった。

トルコ人幼児洗礼肯定派の代表格は、ザムエル・フーバー(一五四七〜一六二四)というスイス(ベルン)出身の神学者であった。彼は改革派(カルヴァン派)の予定説を批判して万人の救済の可能性を唱え、ルター派に改宗した人物だが、ルター派内部にもカルヴァン主義的な予定説信奉者がいたため、激しい論争が起きている。幼児洗礼論争はその一環であった。なお万人救済説に近い立場はチューリヒの改革者ツヴィングリにもみられ、彼は聖書を読んだこともない異教徒にも救いの恵みは注がれると考えていたから、フーバーの立場は決して特殊とはいえない。

ところでムスリムの改宗者の足跡は、十八世紀になるとスイスにも見つかる。一七四二年、ルツェルンで不法滞在者や貧しい居留民を追放するためにおこなわれた住民調査の際、二四〇人もの人々が領外に追いやられたが、そのなかにはフザルという名のトルコ人(故人)の息子たちが含まれていた。フザルはウィーンで洗礼を受け、アンドレアという洗礼名をもらったが、放浪の旅に出てティロル地方の峠道を越え、スイスに入って都市ルツェルン支配下の農村に住みつき、そこでアンナ・マリア・

ハースという女性と結婚して二人の息子と三人の娘をもうけていた。当局は出頭命令に従わなかった二人の息子とその妻子たちを追放し、未亡人と三人の娘たち(十五歳・十四歳・三歳)には居留を許すことにした。この家族の運命は大きく分かれたが、トルコ人の血を引くフザルの子と孫たちが、アルプス世界の定住者となっていた事実は興味深い。

ルツェルンの農村部にはユダヤ教からの改宗者もいた。例えば十八世紀初頭には、バルトロメオ・ルドルフ・ダスティというユダヤ人をめぐる興味深い記録がある。ダスティはルツェルンでカトリックの洗礼を受けたが、その後チューリヒに亡命し、今度はプロテスタントになってしまった。ダスティの娘は父親の亡命によって路頭に迷うが、ルツェルン当局は彼女を手厚く保護した。一七二四年、彼女はルツェルン農村部の靴職人と結ばれ、都市当局から結婚の支度金を受け取ることができた。なおダスティは北イタリア(ピエモンテ)のアスティのユダヤ人共同体の出身と考えられる。アスティはトリノの東にあり、ミラノ方面に旅してマジョーレ湖をめざし、コモからベリンツォーナ、アイロロをへてザンクト・ゴットハルト峠を越えれば、ルツェルンはすぐそこである。いずれにしても、近世のアルプス世界には改宗と亡命の旅の痕跡があちこちに見つかる。

近世ヨーロッパのキリスト教は宗派分裂に陥っており、それぞれの宗派教会は敵対宗派をしばしば邪教ないし不信仰と位置づけ、宗派変更を異宗教間の改宗と同一視することもあった。とりわけカトリックとプロテスタント諸派のあいだではそうであった。それでも宗派間の境界を越える改宗者は十六世紀以降、十七世紀にも十八世紀にもあとを絶たなかった。一五八一年、チューリヒ領キュスナハトの仕立業親方コンラート・ゼンフーザーはルツェルンに亡命してカトリックに改宗し、数年後に市民権まで得るが、モラヴィアから秘密裏に伝道にくる再洗礼派(フッター派)の教えに感銘を受け、九〇年、仕事も住居も捨ててモラヴィアに旅立った。二人の息子も一緒であった。すでに結婚していた長男はルツェルンに残ったから、ゼンフーザーの一族はチューリヒ(改革派)、ルツェルン(カトリック)、モラヴィア(再洗礼派)の三地域に分かれて住むことになった。スイスからモラヴィアの地までは、スイスばかりでなくオーストリアの峠道を通り、幾多の山々を抜けて旅をする必要があった。それでもゼンフーザーは「納得」のいく信仰を得て、欣然(きんぜん)としてルツェルンをあとにしたのであった。

一六四二年、スイスの都市ベルンにフランスから元フランシスコ会士が亡命してきた。ロレーヌ地方出身のジャン・ルイ・ド・ルヴレという人物である。彼はパリで改革派に改宗したのちに、迫害を逃れてスイスにやってきたのであった。ベルンにはユグノーが集まるフランス人教会があり、ド・ルヴレはそこで同胞たちの牧会に精を出した。ところが一六四八年、彼は病気を理由に転任を希望し、そのままフリブールに亡命してカトリックに戻り、シトー会士となった。そして当地でカルヴァン主義を批判する小冊子を出版する。改革派はド・ルヴレの行動に驚いたが、スイスに亡命したユグノーたちのなかには、母国でカトリックに強制改宗させられた経験をもつ者が多く、ベルンの改革派はしばしば彼らに再改宗の手続き(儀式)を求め、反抗的なフランス人を追放していた。ド・ルヴレは、スイス都市の為政者や教会人の高圧的な姿勢に辟易(へきえき)していたのであった。ジュラ山脈を越えてフランスからやってきたこの聖職者は、アルプスに抱かれた地域にとどまったが、宗派の境界は二度越えることになった。

チューリヒはベルンやジュネーヴと並んでスイス改革派の牙城(がじょう)だが、改宗者の存在も少なからず記録に残っている。なかには聖職者もいた。ヨハン・ヤーコプ・リュエグという牧師は、スイス諸邦が共同で支配する二宗派併存地帯ラインタールに派遣され、カトリックと改革派が一つの教会を共同で使う状況を経験するなか、一六六〇年代に諸宗派の和解のための神学研究を開始する。チューリヒの改革派教会はリュエグをとがめ、結局彼は一六七六年、カトリック改宗を決意してルツェルンに亡命を試みた。その二年後には息子ヨハン・ハインリヒもアインジーデルンでカトリックに改宗し、ローマに旅立って布教聖省の神学院で学び、司祭となってスイスに帰還し、ザンクト・ガレン、アインジーデルン、ルツェルンなどで働いた。その間、彼は著書も残している。その後はローマに戻って図書館司書を務めた。しかし彼はその前に一時、改革派に戻り、さらにまたカトリックに改宗しているから、宗派的帰属を相対化した新しいタイプの知識人であったと考えられる。ヨハン・ハインリヒ・リュエグは、アルプスの南と北の世界を自由に往来したのであった。彼はいったい何度、ザンクト・ゴットハルト峠を越えたことであろう。

アルプスの峠道は、幾多の改宗者、改宗希望者、そして異教徒たちの旅を助けてきた。行き倒れた者の運命はみじめであったが、山の彼方に安住の地を見出した者もいた。広い海が旅人たちに与えた自由の物語に加えて、山岳地帯の峠道に救われたマイノリティたちの記録も再発見され、詳しく語られる価値がある。

ジャン＝ジャック・ルソーの改宗と亡命

十八世紀の大思想家ルソー（一七一二〜七八）には、まだ少年の頃、改宗者・逃亡者となってさまよった経験がある。一七二八年の早春、このジュネーヴ市民の子は、十六歳のとき、無骨な銅版彫刻師のもとでの徒弟奉公を嫌って放浪の旅に出た。母親は彼の誕生後すぐに死亡し、父親（時計工）は有力者と喧嘩して逮捕されそうになり、ジュネーヴを逃げ出してベルン領ニヨンで再婚していた。ジュネーヴを出たジャン＝ジャック少年は、故郷から数キロ離れたところにあるサヴォア公領のコンフィニヨンという村に入る。村の司祭ポンヴェールは彼にカトリック信仰の正しさと改宗の必要性を熱心に説き、アヌシーに住むヴァランス夫人を訪ねるように勧めた。村の司祭は、サヴォア領とジュネーヴ領の国境地帯で四〇年も働き、ジュネーヴ市内にしばしば潜入し、カルヴァン派の青少年をカトリック信仰に引き入れる改宗者援助組織と連携して六〇人以上のプロテスタントを改宗に導いていた。

ルソーは『告白』［一七七〇年］のなかで、ジュネーヴからの逃亡の理由について、郊外に散歩に出て市門が閉まる時刻に遅れたからだと書いているが、改宗者援助組織による周到な手引きがあったと推測される。祖父には仕事上、サヴォア人と密接な交流関係があり、ジャン゠ジャックの周囲には改宗者や亡命者がいた。そのなかにはポンヴェールとつながりのある者も含まれていた。

コンフィニョンの司祭が紹介したヴァランス夫人は、ヴヴェーの貴族であったが、数年前、不仲の夫と離婚するためにサヴォア公（サルディーニャ王）に援助を求め、その代償としてカトリックに改宗していた。彼女は王からの年金で暮らし、カトリック改宗志願者の世話をする仕事を託されていた。アヌシーでジャン゠ジャック少年を迎えたのは、「信心家の婆さん」と思いきや、「美しい青い目」「まぶしいような血色」の持ち主であった。少年はこの貴婦人に「魂の共感」を覚え、彼女に勧められるまま、サルディーニャ王国の首都トリノの教護院（改宗志願者教育施設）に向かう。夫人の話では、そこでは改宗者たちは信仰篤い人々の力添えで仕事にありつけるという。

ジャン゠ジャックはアヌシーからシャンベリーに南下し、モン・スニ峠を越えてピエモンテをめざし、八日間を費やしてトリノにたどりつく。多くの現代人にとってルソーは偉大な思想家だが、少なくともこの逃避行の時点では、アルプスの峠を越え、宗派的境界をまたいだ無名のマイノリティに属していた。『告白』の記述によれば、ジャン゠ジャックはトリノの教護院に入るやいなや、改宗者たちの地下世界を知って眉をひそめる。彼とともに改宗志願者教育を受けたのは四、五人の「いやらしい放浪者」であり、彼らは「悪魔の手下」のような風体をしていた。その一人は彼に「おれはムーア系のユダヤ人だが、いつもスペインやイタリアを放浪して、商売にさえなればキリスト教徒になって洗礼を受けたりしている」と打ち明けたという。なおこの人物は男色家で、ジャン＝ジャックをつけまわした。こうした男たちに加え、数人の女性たちも改宗者教育を受けようとしていた。ジャン＝ジャックの目には「ちょっときれい」な一人を除き、あとは「とてつもなく汚らわしい女たち」にみえた。

彼は辟易しながらひととおりの教育課程を終え、公式にカトリック改宗の宣誓をおこなう許可を得た。そして数カ月後、二〇フランの施与を渡され、教護院をあとにする。その後彼は、さまざまな体験をへて学問の世界に新風を吹き込むことになる。

トリノの教護院に入ったルソー　ルソー『告白』(1889年版)の挿絵。モーリス・ルロワ作。

ルソーはジュネーヴを出た瞬間の心情をつぎのように述懐している。「自由、自主、わたしはもうどんなことでもでき、なにひとつ達成できぬことはないと信じた」と。この言葉どおりルソーは、自由で自律的な人間に成長し、フランスの思想界に旋風を巻き起こすことになる。しかし彼は、一七五四年の初夏、一大決心をして祖国ジュネーヴに帰ろうとする。しかしカトリックのままでは市民権は得られない。そこでルソーは「公然と祖先の宗教にもどろうと決心」する。そしてジュネーヴ教会の長老会が設けた「信仰審査委員会」を前にして信仰告白をおこない、カルヴァン派への復帰と市民の地位の回復をはたす。「福音書は、すべてのキリスト教徒にとって同一のものであり、また教理の根底にもちがいはない」。しかし「それぞれの国の法によって規定された教理を認め、その礼拝の形式にしたがうのは市民の義務である」。ルソーはこう考えた。

ルソーにとって改宗・再改宗は便宜的であったようにみえる。しかし彼は宗教に対して無感情であったわけではない。ヌシャテルでプロテスタントの聖餐式に出席したとき、彼は「心からの感動と感激の涙」に襲われたと告白している。その後ふたたびルソーは、新しい思想を公然と説きにくいスイスを去る。ところが『エミール』［一七六二年］の「心の宗教」論がフランスのカトリック教会の逆鱗(げきりん)にふれ、逮捕命令が出た一七六二年、またもや彼はスイスに帰ってくる。

ルソーは長じて十八世紀ヨーロッパを代表する知識人の一人に成長したが、改宗と亡命の旅に出たときは、嘘もつけば盗みもする文無しの少年にすぎなかった。ジュネーヴを出た彼がたどった亡命経路は、十六世紀以来、無数の亡命者たち、改宗者たちが通過した道であった。著名人になってフランスからスイスに入ったときに使ったのも、多くの無名の信仰亡命者たちがジュラ山脈を仰ぎ見ながら通った道であった。思想家として大成したルソーは、最終的に宗派主義も特定の宗教の絶対化も退ける立場を固める。

わが子よ、傲慢と不寛容とがどんな不条理に導くかを知るがいい。みんなが自分の説に固執し、人類のほかの人々をおしのけて自分だけが正しいと考えようとすると、こういうことになるのだ。……わたしは、わたしの信仰を自分の素朴な観念のうちにおしとどめることにした。

『エミール』のなかでこのように語ったとき、ルソーはちょうど五十歳であった。

近代の夜明けを告げるルソーのような先駆者も、真空状態のなかで暮らしていたのではない。生まれたときから大思想家であったわけでもない。いまだ国家と教会が被治者の心のなかまで監視し、強制力を行使する権限を失っていない古い体制のなかで生を享け、少年の頃に亡命者となり、改宗者となり、醜悪な現実も知りつくして成長したのであった。ルソーの生活と体験は、本書で扱っている無数のマイノリティたちのそれと内容的に確実に重なり合う。空間的にもそうである。彼はアルプスの峠道を南北に、また東西に行き来した人だからである。彼はマジョリティ社会の仲間入りをはたすことができたが、その思想がしばしば異端視されたことを思えば、まさに境界を行き来した人というべきかもしれない。

歴史研究の重要な課題は、ある時代の全体像を描き出すことであり、それはマジョリティ社会を再現することでもある。ただし、そのなかでどのようなマイノリティたちがどう扱われたのか、迫害されたのか黙認されたのか、居場所を奪われたのか共存の場を得たのか、調べて叙述することなしには、その社会や国家の本質をつかむことはできない。何を受け入れ、何を排除したかを知らなければ、マジョリティ社会の研究は完結しないのである。

〈踊 共二〉

第6章 知られざる兄弟団

中近世スペインにおける宗教的マイノリティの相互扶助

中近世スペインを代表する宗教的マイノリティであるユダヤ人とモリスコ(改宗ムスリム)は、十五世紀末〜十六世紀第1四半期の追放令により、その多くが改宗しコンベルソ(改宗ユダヤ人)ないしモリスコとなった。十六世紀後半に「血の純潔規約」がスペイン社会に浸透するなかで、「汚染された血」につながるコンベルソとモリスコの多くは、「旧キリスト教徒」の兄弟団(コフラディーア)からますます排除され、独自の兄弟団を創設せざるをえなかった。トレント公会議が兄弟団を対抗宗教改革の手段として重視するなかで、「旧キリスト教徒」のみならず、「新キリスト教徒」であるコンベルソやモリスコも、マジョリティ社会への同化と相互扶助、慈善活動を目的に、次々と兄弟団を結成した。兄弟団結成にあたりコンベルソがモデルの一つとしたのは、伝統的なユダヤ人兄弟団であったし、モリスコ兄弟団とムスリム兄弟団(タリーカ)との連続性も、否定しきれないのである。

中近世スペイン社会の「基本細胞」ともいうべき兄弟団は、会員資格という点からみたとき、開放的兄弟団と閉鎖的兄弟団に、機能論的には慈善型兄弟団、篤信兄弟団、職能別(ギルド型)兄弟団の三類型に大別される。慈善型兄弟団と篤信兄弟団は、開放的兄弟団に属し、宗教儀礼をつうじた会員の霊的救済と教化、病気や貧窮時の会員間の相互扶助と慈善を目的に、職業・階層・性別・居住地・エスニシティを異にする「旧キリスト教徒」住民から構成された。閉鎖的兄弟団は、特定の職種・階層・エスニシティ・宗教に帰属する人々を対象とした兄弟団で、職能別兄弟団やユダヤ人兄弟団、モリスコ兄弟団などのマイノリティ兄弟団はその典型である。しかし中近世スペイン社会では、慈善型兄弟団と篤信兄弟団は重層性が少なくなく、またユダヤ人兄弟団とモリスコ兄弟団では慈善型兄弟団以外を確認できないため、ユダヤ人とモリスコを対象とした本章では、これを慈善型兄弟団と表記する。

中世末期サラゴーサのユダヤ人兄弟団

内壁と外壁という二重囲壁で囲まれたサラゴーサは、エブロ川中流に位置するアラゴン連合王国の主要都市の一つで、十五世紀初頭の都市人口は約二万と推定される。十五世紀初頭のサラゴーサでは、都市南東部、内壁内のサン・ヒル教区と内壁外のサン・ミゲール教区に、新旧二つのユダヤ人街(フデリーア)が組織された。主要ユダヤ人街は、内壁南西部の旧ユダヤ人街で、ユダヤ人街の総面積は約七・五ヘクタールである。旧ユダヤ人街には、大小二つのシナゴーグ、学校、アルハマ(ユダヤ人共同体)の運営する施療院(部屋数五、ベッド数九)があり、内壁内にはミクヴェ(宗教儀礼用の沐浴場)、外壁外の都市南西部にユダヤ人墓地を有した。一四〇六年当時のユダヤ人人口は、三四七世帯であった。家族係数を五とすると、サラゴーサのユダヤ人人口は一七五〇前後と推定される。

中世末期のサラゴーサのユダヤ人のなかには、金融業や徴税請負に携わる有力ユダヤ人、ユダヤ人医者が一部にみられるものの、多くは鍛冶職・靴職・皮革職などの手工業に従事し、兄弟団の慈善活動の対象となる貧民も少なくなかった。前二世紀のユダヤの義人(ツァディック)シメオンによれば、慈善と信仰はユダヤ人社会の重要な基盤であり、ユダヤ法やタルムード(口伝律法)も、病人介護や貧民救済を敬虔な行為として推奨している。ユダヤ人とキリスト教徒は、神と安息日・宗教儀礼・暦法・食文化を異にしており、またキリスト教徒民衆による反ユダヤ運動が続発するなかで、キリスト教徒とユダヤ人を同一の施療院に収容し、慈善活動を実践することは困難であった。中世末期サラゴーサのユダヤ人街では多くのユダヤ人兄弟団が編成され、スペインを代表するユダヤ人の「慈善空間」をかたちづくった。

中世末期のサラゴーサのユダヤ人兄弟団は、アルハマの運営するものを含め一六の兄弟団があり、スペインでもっとも多くのユダヤ人兄弟団が組織された都市とされる。これらの兄弟団は、特定の職種を母体とし、会員の相互扶助や慈善関連規約を有する職能別兄弟団と、職業や階層、性別を異にする多様なユダヤ人に開かれた、慈善型兄弟団の二つに類別された。職能別兄弟団と慈善型兄弟団ともに会員資格は市内在住のユダヤ人に限定されたが、前者の場合、ギルド成員という要件が加わり、より閉鎖的な兄弟団であったということができる。

一六あるユダヤ人兄弟団のうち、五つは職能別兄弟団に属し、一〇は慈善型兄弟団であった。このほかにアルハマの運営する、公的兄弟団が存在した。「往来者のためのユダヤ人共同体の兄弟団」がそれで、サラゴーサ在住のユダヤ人貧民と一時滞在者(貧民や巡礼者)の救済を目的とした。大シナゴーグに本部をおいた公的兄弟団は、トーラー(モーセ五書)やタルムードに根拠をもつ社会的結合で、アルハマ当局者が役職者を務め、アルハマ当局からの財政支援を受けつつ、シナゴーグ付設の施療院で、慈善活動を展開したものと思われる。一般的に兄弟団の会員数は数十人程度で、主要財源を構成したのは、入会金・会費・罰金収入、兄弟団が都市内外に所有する不動産からの地代・家賃収入、アルハマ当局からの財政援助、会員からの寄進などであった。中世末期サラゴーサのユダヤ人は、こうした多様なユダヤ人兄弟団に多重所属しながら、兄弟団の有する施療院やシナゴーグで、慈善活動と相互扶助を実践した。

以下では職能別兄弟団である「靴職兄弟団」と、慈善型兄弟団に属する「病人介護兄弟団」「慈善兄弟団」「タルムード・トーラー兄弟団」を例に、中世末期サラゴーサのユダヤ人兄弟団についてみておきたい。

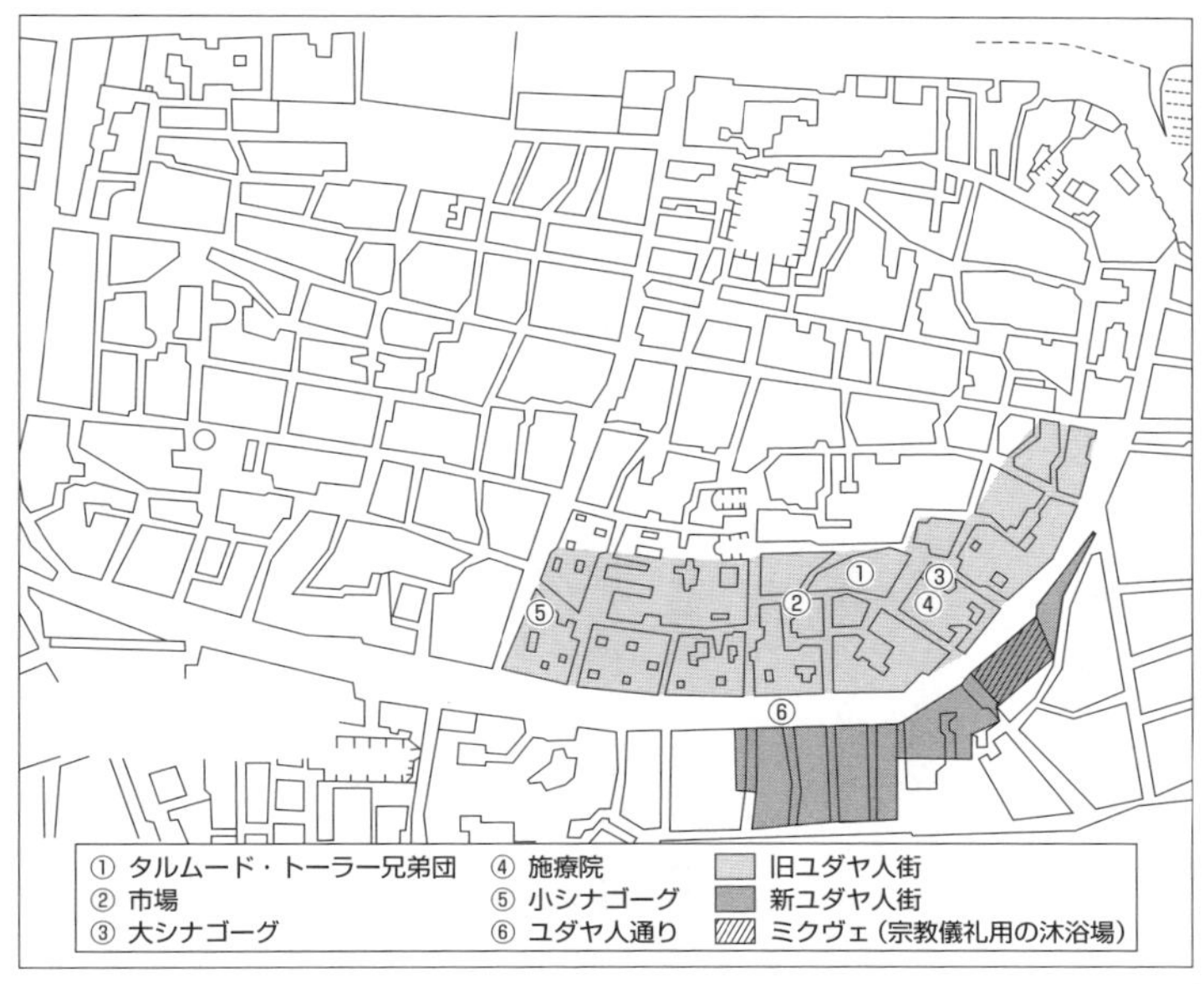

▲中世末期のサラゴーサのユダヤ人街

◄**ユダヤ人の靴職ギルド**　靴職，革職，仕立て職などのユダヤ人の手工業者ギルドが一般化するのは，14世紀以降である。

靴職兄弟団　一三三六年アラゴン王ペドロ四世は、全六条からなるサラゴーサのユダヤ人兄弟団規約を認可した。第一条は結婚と男子誕生に関する規定で、会員が結婚する場合、全会員を結婚式に招待しなければならず、会員に男子が誕生したときも、割礼式に参列する義務があった。結婚式とともに重要であったのは、病気の際の相互扶助である。それゆえ、「靴職兄弟団」規約第二条は、病気と葬儀時の会員の行動規範に言及している。第二条によれば、会員が罹患した場合、兄弟団役職者は週二回、一般会員は週一回、病気の会員を見舞わなければならず、当該会員が病気で貧窮したときには、兄弟団から融資を受けることができた。

第三条は葬儀の際の相互扶助に関する規定である。誰かある会員が没した場合、「靴職兄弟団」に属するすべての会員は、葬儀に参列しなければならず、物故した会員の出棺時には、死者の家の前で見送らなければならなかった。そればかりか葬儀後八日間は、物故した会員の親族に付きそって、シナゴーグで死者のための祈りを捧げる義務があった。第四条と第五条は、兄弟団規約の周知方法と兄弟団の平和に関する規定である。兄弟団規約は年二回、会員に読み聞かされる。平和に関する規約では会員相互の争いが禁じられ、違反者には罰金と一カ月の会員資格停止が科せられた。

「靴職兄弟団」の運営にあたったのは、総会で有力会員のなかから選出された複数の役職者で、任期は約一年である。就任時には誠実誓約が、退任時には後継役職者への報告書を提出することが義務づけられたものと思われる。会員名簿と会計簿が伝来しないため、「靴職兄弟団」の規模と財源については不明だが、他のユダヤ人兄弟団の事例から類推して、会費・入会金・罰金・寄進財産などの運用で賄われたものと思われる。兄弟団役職者は兄弟団財産の管理・運用、会員の相互扶助、とりわけ罹患ないし死没した会員とその家族への慈善活動に意を用い、兄弟団の平和維持にもあたった。「靴職兄弟団」は、本部のおかれた固有のシナゴーグを備えており、そこで総会や慈善活動、葬儀などをおこなった。

病人介護兄弟団　一三八七年、王太子マルティン(のちのアラゴン王マルティン一世)は、サラゴーサのユダヤ人からの請願により、旧ユダヤ人街の大シナゴーグに本部をおく「病人介護兄弟団」の設立を認可した。同教団規約によれば、兄弟団の設立目的は、病人と貧民への慈善活動にあり、兄弟団の総会や神への祈りは、規約に言及はないものの、本部のある大シナゴーグでおこなわれたものとみてよい。王太子により認可されたこともあって、現会員および加入を希望するすべてのユダヤ人は、会員となることができたが、会員資格はサラゴーサのユダヤ人に限定された。同兄弟団を運営し、その財産を維持・管理する、一人の兄弟団代表と複数の兄弟団役職者から構成された兄弟団役職者は、兄弟団会員のなかから選出され、兄弟団会員への下級裁判権を行使することができた。

慈善兄弟団　一三三〇年、「慈善兄弟団」の会員は、禁止されている外部の貧しいユダヤ人の埋葬をめぐり、カトリック教会から告発された。その告発文のなかで、「慈善兄弟団」は設立の目的に言及し、かつて路上に放置されていた、敬虔なユダヤ人貧民と死者を死衣で被い、埋葬することにあると述べている。

一四二五年、アラゴン王アルフォンソ五世は、サラゴーサの「慈善兄弟団」に、施療院の財源確保のため、ユダヤ人街で義捐金を集める特権を認めた。その特権状によれば、同兄弟団は「巡礼者や異邦人であれ、その土地の者であれ、また放浪者、貧民、病人であれ、すべてのユダヤ人男女を受け入れる施療院を建設した」。施療院建設の目的は、「これらのユダヤ人に飲食物を与え、病気や貧窮時に必要な物品を給付し、七つの慈善活動をおこなうことにあった」。しかしこの施療院を訪れるユダヤ人貧民や巡礼者が多く、兄弟団の財源も乏しかったため、施療院を維持できず、必要な物品を提供することができなかった。これが義捐金収集特権を認められた背景である。

「慈善兄弟団」の本部は、旧ユダヤ人街の小シナゴーグにおかれ、そこで総会や神への祈りが執りおこなわれる一方、貧民や病人、巡礼者、異邦人への慈善活動は、兄弟団の運営する施療院で実践された。会員の多くは貧しい中下層のユダヤ人であったが、役職者は有力ユダヤ人のなかから選出された。有力ユダヤ人にとって、役職への就任は、ユダヤ人共同体内における社会的威信の強化と来世での霊的救済のうえで重要な意味を有した。

タルムード・トーラー兄弟団　病人介護、貧民救済、埋葬のための兄弟団と並び、ユダヤ人社会において重要な位置を占めたのは、子どもたちの初等教育振興を目的とした、「タルムード・トーラー兄弟団」であった。宗教的マイノリティであったユダヤ人にとって、『旧約聖書』の言語であるヘブライ語と宗教教育は、アイデンティティの根幹をなすものである。中世末期スペインのユダヤ人は、オーラル言語としてはおもにロマンス語(スペイン語)を使用していたが、宗教儀礼や法文書などにはヘブライ語が使われた。そのためユダヤ人民衆ですら、単婚小家族の家長・祭司として、最小限のヘブライ語運用能力を必要とした。セム系の言語に属するヘブライ語は、スペイン語を含むインド・ヨーロッパ語系の言語とまったく異なる言語体系をもっており、その習得には相当期間の初等教育が不可欠であった。

初等教育の対象となったのは、民衆層の子どもたちを含めた六〜十三歳の学齢期のユダヤ人男子であり、女子は対象外とされた。女子が排除されたとはいえ、中世末期にすでに民衆向けの初等教育が実施されていたことは、注目してよい。スペイン全土のユダヤ人共同体に適用された、『一四三二年のバリャドリードのユダヤ人共同体条例』は、初等教育についてつぎのように規定する。「(旧約)聖書を教えるにあたり、いかなる教師といえども、二五人以上の子どもを有してはならない。子どもたちを教える(優等生から選ばれた)助手がいれば、タルムードの規定に従い、四〇人まで教えることができる」。スペインのユダヤ人社会では、十五世紀にすでに四〇人学級が実現していたのである。

初等学校は、アルハマの中心部に位置するシナゴーグの内部もしくは近くにおかれ、教室は椅子と机を並べただけの、黒板もなければ間仕切りもない質素な大部屋であった。採光や衛生状態への配慮は乏しく、トイレは中庭に設置された。教室の片隅には教師が家族とともに住み込み、教師不在時には妻や助手が、子どもたちの授業を受け持った。教師は薄給のため小売商人や手工業者を兼ねざるをえず、顧客からの注文があれば、商売のため教室を不在にした。初等学校では、安息日と祝祭日を除き、子どもたちが毎日登校する通年連日制がとられた。初等教育の対象は、前述したように六〜十三歳の男子に限定され、宗教教育とヘブライ語の読み書き、算術が初等教育の基本であった。もっとも重視されたのは、ヘブライ語の初等教育で、一年生は教師のあとについて、何度もアルファベットを読み、ヘブライ語二二文字の習得に努めた。子どもたちが多少ともヘブライ語に修熟するには、四年以上の教育期間が必要であった。

初等学校の教師とその俸給について、『一四三二年のバリャドリードのユダヤ人共同体条例』は、つぎのように規定している。サラゴーサのように「世帯数一五(以上)の全てのアルハマは……子どもたちに(旧約)聖書を教える高潔な教師を雇い、世帯数に応じて教師にしかるべき俸給、食料、衣服を提供しなければならない。前掲教師のもとに子どもを預けている両親は、その財産に応じて授業料を支払うべし」。しかし中世末期の社会・経済危機、反ユダヤ運動の拡大を背景に、アルハマ当局が財政難に直面したばかりか、窮乏したユダヤ人民衆のなかには、初等学校の教師への授業料を支払えない者が続出した。「タルムード・トーラー兄弟団」は、貧しい家庭の子どもたちへの教育支援を目的とした兄弟団で、サラゴーサを含め多くのアルハマに設立された。ユダヤ人社会にあって教育支援は、貧民救済などと並ぶ重要な慈善活動とされ、中世末期のサラゴーサに教育支援兄弟団が設立されたのは、当然のことであった。

初等教育がユダヤ人のアイデンティティに関わることから、アルハマ当局は食肉とワイン、結婚式、割礼式、葬儀などに課税し、初等教育税を徴収した。税額は大型家畜を屠殺する場合五マラベディ、結婚式や割礼式では一〇マラベディとされた。このようにして徴収された初等教育税は目的税で、その大半が教師の俸給に充当された。

アルハマ財政が逼迫するなかで、「タルムード・トーラー兄弟団」は、アルハマ当局に代わり、貧しい子どもたちへの教育支援を実施し、アルハマ当局の財政支出も膨らんだ。一三八〇年当時サラゴーサのアルハマ当局は、今後一〇年間で二五〇〇ソリドゥス、毎年二五〇ソリドゥスを支出しなければならなかったからである。多額の財政支援は、「タルムード・トーラー兄弟団」が初等教育に中心的役割を担っていたこと、初等教育と流通税収入の緊密な関係、したがって「タルムード・トーラー兄弟団」のもつ、なかば「公的性格」を示すものである。貧しい子どもたちの初等教育にまで踏み込んだ、ユダヤ人兄弟団の存在は、教育史の視点からも評価されてよい。

近世グラナダ、ムルシアのモリスコ兄弟団

近世スペインのモリスコ兄弟団については、史料の散逸が著しく、不明な部分が多い。こうした制約があることを踏まえつつ、以下では都市部の兄弟団であるグラナダのモリスコ兄弟団と、農村部に

属するムルシア地方、リコーテ渓谷のモリスコ兄弟団を例に、近世スペインのモリスコ兄弟団について考察したい。

近世都市グラナダのモリスコ兄弟団　初代グラナダ大司教のタラベーラは、十六世紀初頭、モリスコ教化策ないしマジョリティ社会への同化策の一環として、兄弟団の結成と施療院での慈善活動を推奨している。差別と偏見にさらされたモリスコであればこそ、兄弟団はモリスコの相互扶助、社会的結合のうえで重要な役割をはたしたし、ムスリム兄弟団(タリーカ)の伝統をもつモリスコにとって、それは違和感なく受容されたものと思われる。兄弟団の運営する施療院での慈善活動を介した現世利益と霊的救済という点で、ムスリムとモリスコ、「旧キリスト教徒」間に、根源的な差異は認められないのである。

この点で興味深いのは、グラナダの有力モリスコ、ゴンサロ・フェルナンデス・エル・セグリの遺言状である。ゴンサロ・フェルナンデスは、ナスル朝時代のムスリム貴族で、マラガ城代の息子であったが、グラナダ陥落後の一四九九年に改宗し、スペイン王権のグラナダ統治に積極的に協力した。モリスコ教化や貧民、孤児の救済にも関与し、その功績を認められて、十六世紀初頭グラナダの上級都市役人に抜擢され、都市寡頭支配層の一翼を担った。下級貴族の称号を許され、マジョリティ社会への同化とそこでの社会的上昇に成功した、最有力モリスコの一人である。

そのためゴンサロ・フェルナンデスは、グラナダの有力「旧キリスト教徒」の閉鎖的兄弟団である、

「イエス・キリストの聖なる慈善兄弟団」への入会を認められた。同時に会員数一〇〇人の都市エリートの閉鎖的兄弟団である「聖体兄弟団」とも緊密な関係を維持することができた。「旧キリスト教徒」の閉鎖的兄弟団への所属は、敬虔な「新キリスト教徒」としての彼の社会的威信を高め、異端審問所の追及をかわすうえでも有用であった。

しかしゴンサロ・フェルナンデスのようなモリスコは、あくまでも例外であり、大多数のモリスコは、「旧キリスト教徒」の兄弟団から排除され、独自の兄弟団を模索しなければならなかった。グラナダ市内のモリスコ集住地区である、アルバイシン地区のモリスコ男性を主要会員として結成され、多様な階層のモリスコ男性を含む、「我らが救世主イエス・キリストの聖なる復活兄弟団」は、その典型である。

一五六二年の公証人文書によれば、フアン・フェルナンデス・モファダールを初代代表とする同兄弟団は、併設した施療院で病人や貧民のための慈善活動を展開する一方、施療院に本部をおき、そこで年一回の総会を開催した。復活祭の時期に開催された総会で、施療院の管理にもあたった兄弟団代表や会計係などの役職者が選出され、会員の親睦のための祝宴と宗教行列が挙行された。「我らが救世主イエス・キリストの聖なる復活兄弟団」の創設に関わった有力モリスコは二六人であったが、十六世紀以降、アルバイシン地区の多数のモリスコ民衆が同兄弟団に加入した。同兄弟団創設に関与した有力モリスコの一人、ダニエル・サンチェス・エル・シネーティは、アルバイシン地区の教区教会

第二次アルプハーラス反乱

に本部をおく「聖秘蹟兄弟団」にも所属していた。複数の兄弟団への多重所属は、十六世紀の有力モリスコにあってすら、一般的な現象であった。

モリスコ会員はミサや祝祭への参加、毎月一回の信仰告白、主禱文や天使祝詞、使徒信経の読経を義務づけられ、モリスコの同化と社会統合に重要な役割を担った。第二次アルプハーラス反乱に、アルバイシン地区のモリスコがほとんど参加しなかったのは、兄弟団を介したモリスコの同化の進展と無関係ではあるまい。「我らが救世主イエス・キリストの聖なる復活兄弟団」を管理・運営したのは、有力商人のなかから選出された一人の兄弟団代表と、基本的に一人の会計係であった。初代兄弟団代表のファン・フェルナンデス・モファダールは、多くのモリスコから尊敬された商人であったし、最後の兄弟団代表エルナン・ロペス・エル・フェリーも同様である。他の兄弟団の例からみて、兄弟団代表は会員への下級裁判権を行使して、兄弟団の平和維持にあたり、違反者からは罰金を徴収したものと思われる。会計係は施療院を含む兄弟団財政の管理者で、兄弟団代表を補佐した。エルナン・ロペス・エル・フェリーのように、会計係を担当したあとに、兄弟団代表に選出された事例も確認される。

「我らが救世主イエス・キリストの聖なる復活兄弟団」の運営した施療院は、ムスリム時代の施療院を改変したもので、アルバイシン地区の多くのモリスコの強い要望を受けて維持された。ムスリム時代の施療院との連続性、預言者の一人とされるイエス（アラビア語でイーサー）の名を冠した兄弟団名は、瞠目（どうもく）に値する。兄弟団代表と会計係が、施療院の維持・管理に携わる一方、施療院で病人や貧民への慈善活動に直接従事したのは、住み込みで有給の男女モリスコ看護師、医者、薬剤師であった。このように同兄弟団は、アルバイシン地区のモリスコ教化と慈善活動に中心的役割を担ったが、第二次アルプハーラス反乱が勃発した一五六八年、解散を命じられた。モリスコ兄弟団が第二次アルプハーラス反乱に関与したことから、フェリーペ二世は同兄弟団への疑惑を深め、アルバイシン地区のモリスコの多くを放逐したのみならず、最後の兄弟団代表も国外へ追放した。

十六世紀後半のグラナダ大司教ペドロ・ゲレーロは、アルバイシン地区のモリスコ教化策の一環として、イエズス会による初等学校の設立を認可した。モリスコの子どもたちにスペイン語教育と宗教教育をおこなうことが、初等学校設立の主目的であった。同時にペドロ・ゲレーロは、イエズス会による兄弟団結成を承認し、それを「御宿りの聖母兄弟団」と命名した。同兄弟団にはアルバイシン地区の主だったモリスコが加入し、同化の進んだモリスコは信仰告白をおこない、聖体拝領にあずかり、他の兄弟団と同様、教会内での祝祭に参加したのであった。

近世ムルシア地方のモリスコ兄弟団　モリスコ追放令が出された一六一三年当時、ムルシア地方北部の農村であったリコーテ渓谷には、リコーテ村やオホス村など六カ村があり、約二五〇〇人のモリスコが定住していた。リコーテ渓谷は、人口の大多数をモリスコが占める「モリスコ渓谷」で、例えばリコーテ村ではモリスコ三七四人に対し「旧キリスト教徒」は四人にすぎなかった。しかしムルシア地方は十三世紀以来、カスティーリャ王権の支配下に組み込まれており、他地域の農村在住モリスコに比べ、比較的同化が進んでいたといわれる。リコーテ渓谷のモリスコによる兄弟団結成、兄弟団への寄進行為の背景である。

一六一三年のリコーテ村では、追放令にともなう旅の安全を祈願し、同村在住のモリスコで「ロザリオの聖母」を崇敬するゴンカロ・ロホが、「ロザリオの聖母兄弟団」などに土地を寄進している。ゴンカロ・ロホは「同村にある「ロザリオの聖母兄弟団」の会員で、同兄弟団を尊崇していた」。また、オホス村には「ロザリオと聖アウグスティヌス兄弟団」があり、一五八四年には近隣村落のモリスコ、ゴンサロ・ローペスも、「ロザリオの聖母兄弟団」に財産を寄進している。グラナダのような都市部、リコーテ渓谷のような農村部を問わず、モリスコ兄弟団については、不明な点が多いが、聖母マリアを守護聖人とする兄弟団が少なくないことは、注目してよい。ムスリムにとって聖母マリア（アラビア語でマリアム）は、神によって選ばれ純化された処女であり、預言者ムハンマドの娘ファーティマ、愛妻のアイーシャと並ぶ崇敬対象であった。こうした肯定的なマリア像が影響している可能性は、否定できない。

〈関　哲行〉

第7章 近世ドイツ農村のユダヤ人

被差別民か隣人か

ヨーロッパのユダヤ人とりわけアシュケナジーム(ドイツ・東欧系ユダヤ人)の歴史については数多くの書物や論文が書かれており、それらの多くはアムステルダムやフランクフルト、ヴォルムス、プラハなどの都市世界に焦点をあてている。アシュケナジームはイディッシュ語つまりヘブライ語の混じったドイツ語を話す人々である。近世ドイツにおいて、いわゆる宮廷ユダヤ人としてウィーンやプラハ、ミュンヘンなどに暮らし、領邦国家の財政を動かした人々の大半はこのグループに属する。フランクフルトのゲットー出身のロートシルト(ロスチャイルド)家もアシュケナジームであり、同家は多くの宮廷ユダヤ人を輩出している。その分家はウィーン、ロンドン、パリ、ナポリなど、ヨーロッパ中の大都市に住んでいた。ただしアシュケナジームには貧しい都市生活者もいた。

セファルディーム(地中海系ユダヤ人)が多数住んでいた近世アムステルダムでは、十七世紀後半にアシュケナジームが加わることになる。やがてアシュケナジームがセファルディーム人口を上回ることになるが、十八世紀までアシュケナジームの多くは貧しい人々であり、金融業や商業で財を成していたのはセファルディームであった。

ところでアシュケナジームは農村にも住んでいた。とくに東欧ではその傾向が強い。ドイツでも十六～十七世紀に、都市から農村への移住の流れがあちこちで生じている。ただしドイツ農村に住むユダヤ人についての研究は十分ではなく、都市および都市の宮廷を舞台とするユダヤ人史が大半を占めるのが現状である。

本章では、こうした状況も考慮し、農村のユダヤ人に目を向けてみたい。とくに注目するのは近世ドイツのシュヴァーベン地方のいくつかの村である。それらの村では、意外なことに、キリスト教徒の家とユダヤ人の家がまさに軒を並べていた。いわゆる農村ユダヤ人(ラントユーデン)の定住地ではこうした住み方がみられ、宗教・エスニシティ・自治制度などの面で二重の共同体が存在していた。もちろん共有物も多かった。例えば二つの住民集団は同じ牧草地で家畜を飼っており、ユダヤ人もキリスト教徒の村落集会に参加して牧人や夜警を選出し、その扶養に責任を負っていた。ユダヤ人が商う生活必需品が、農村のキリスト教徒の生活にとっても不可欠であったことはいうまでもない。両者の接触は頻繁であり、ゲットーはどこにもなかった。フランクフルトやヴォルムスなど、大きな都市をモデルにつくられたユダヤ人居住区のイメージは、一つの類型にすぎない。

中世末期、ドイツのユダヤ人は幾多の都市で連鎖的に起こった迫害によって移動を強いられた。プロテスタントの宗教改革とカトリックの対抗宗教改革のなか、宗教的純化（すなわち宗派化）を推進する領邦君主たちがあらわれると、ザクセンやハノーファーのように領邦単位でユダヤ人追放を実行するケースもでてくる。とくに迫害が厳しかったのはルター派の領邦である。追放された人々は、弾圧の厳しくない他の領邦に移るか、東欧に流れ込んだ。彼らはアシュケナジームの相互援助のネットワークを頼って生き延びた。いわゆる農村ユダヤ人が目立つようになるのはこの時代である。とくにその数が多かったのは帝国の西部と南部、ラインラント、プファルツ、エルザス、ヴュルテンベルク、シュヴァーベン、フランケン、ヘッセンなどである。とりわけ小領邦や帝国騎士領の村々が、ユダヤ人の新たな住みかとなった。なお近世の神聖ローマ皇帝は、プロテスタント諸侯を牽制（けんせい）しながらユダヤ人保護政策をとっていたため、ユダヤ人の生存の可能性は決して小さくはなかった。

名もない農村に暮らす近世ドイツのユダヤ人は、マジョリティの社会と妥協しながら、そのなかに溶け込んで生きていた。彼らは忘れられたマイノリティであり、歴史の闇のなかに閉じ込められてきた「見えない人々」である。その生活世界を再現する研究を欠いたままでは、宗教的迫害や差別の歴史を総合的に解明することはできないし、和解や共存の可能性について深く考察することもできないであろう。

ブルガウ辺境伯領のユダヤ人村——誕生と発展

シュヴァーベン東部に位置するブルガウにユダヤ人が定住し始めたのは、十六世紀後半のことである。その背景には、ハプスブルク家および在地貴族とくに帝国騎士層の人口政策・税収増加策があった。ハプスブルク家はブルガウ辺境伯家の断絶後、十四世紀初頭にこの地を手に入れ、最初は自ら辺境伯の地位に就いて、のちには領邦代官を配置して支配した。ただしそれは一種の上級支配権であり、在地の貴族、都市、修道院、司教勢力がモザイク的に土地領主権や下級裁判権を行使していた（いわゆる農奴領主権はこの地方ではほとんど機能していなかった）。

ハプスブルク家（正確にいえばシュヴァーベン、バイエルン、スイス、アルザス方面に散在する「前部オーストリア」を統治した家系）は、いわゆる宮廷ユダヤ人を活用するだけでなく、一般のユダヤ人を領地内に住まわせて税収を増やし、在地の貴族には行使できない（本来は皇帝権に由来する）ユダヤ人保護権を梃子（てこ）にして統一的・一円的な支配権を確立しようとしていた。結局ハプスブルク家はシュヴァーベン特有の権力の分散状態を克服することはできなかったが、ユダヤ人がらみの裁判や調停などを主導することで、存在感と影響力を強めることはできた。以下、近年の実証的研究に依拠しながら、ユダヤ人がまとまって住んだためにユダヤ人村（ユーデンドルフ）と呼ばれたブルガウの四つの村、ビンスヴァンゲン、ブッテンヴィーゼン、クリークスハーバー、プファーゼーの事例を中心に、近世ドイツの農村ユダヤ人の生活を再現してみたい。

一五六九年、モーセ・ギュンツブルクというユダヤ人がブルガウの支配者、ハプスブルク家のフェルディナント二世(大公)の許可を得てプファーゼーに居を構えた。一六一七年にはその兄弟ソロモンも移住してきた。彼らは、その名のとおり元来はギュンツブルクに住んだ有力な一族に属する。一六

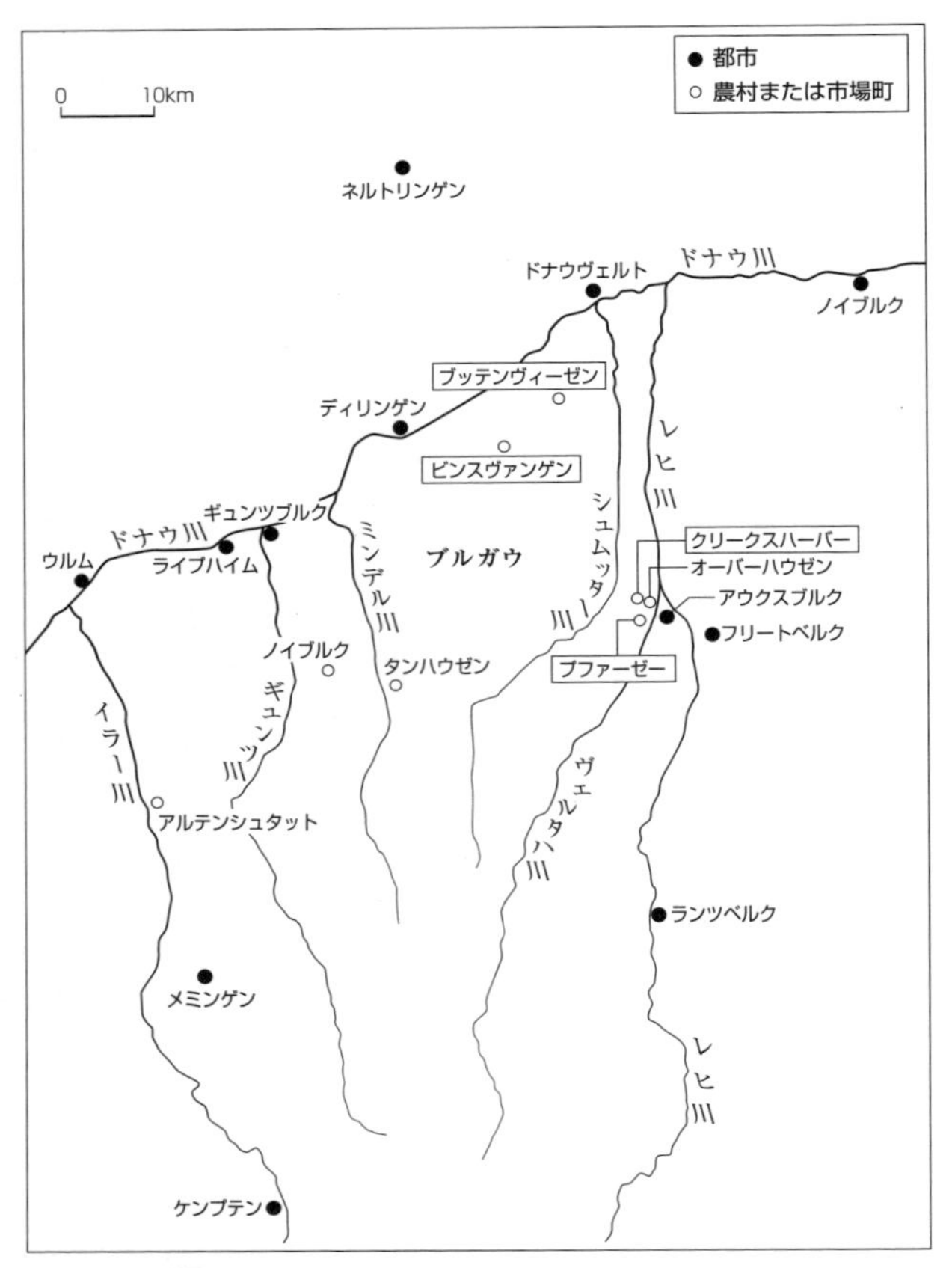

ブルガウ辺境伯領の４つのユダヤ人村

〇三年にはレムリンという名前のユダヤ人も、ギュンツブルクから親子でプファーゼーに移っていた。彼らは年間二五グルデンの住民税を納めた。プファーゼーはアウクスブルク近郊にあり、同市から移ってきたユダヤ人もいた。ウルムもブルガウ農村のユダヤ人の出身地として重要である。プファーゼーのすぐ近くにはレヒ川に沿って南ドイツ・アルプス・イタリアを結ぶ交易路があり、農村に住んでも商業を営むことの多いユダヤ人にとってこの村は魅力的であった。

クリークスハーバーも立地条件はほぼ同じであり、ここも多くのユダヤ人居住者を迎えることになった。もちろんブルガウは全体としては農業地帯であり、ライ麦・大麦・小麦のほか、たばこ・ホップ・亜麻・麻・カブ・豆類などを産した。牧畜も盛んであった。また織布業に従事する者も多かった。織布工になったのはおもに「小屋住み」と呼ばれる貧しい層であり、彼らには農地も共有地（牧草地）の用益権もない場合が多かった。ただし牧草地が十分な場合には、彼らに家畜の放牧を許す村もあった。

ブルガウのユダヤ人は織物・農産物・家畜（とくに馬）から貴金属まで幅広く商い、金融業も営んだ（利子は十六世紀後半の帝国法および十七世紀前半のブルガウ領内の布告によって、年利五％まで許された）。家畜を大量に取り引きするには広い牧草地が必要であったため、彼らにとって農村に拠点をおくことは有意義であった。

四つの村の紹介を続けよう。ブッテンヴィーゼンはアウクスブルクの北西に位置し、農耕と牧畜中心の村であった。小さいながら年市が開かれる流通の地方的中心地であり、そこにはブルガウ辺境伯の代官屋敷もあった。ブッテンヴィーゼンのすぐ南にあるビンスヴァンゲンも農業を基盤とする村であるが、ドナウ川沿いの都市ディリンゲンに近く、交易にも適していた。

近世における四つの村のユダヤ人の数を正確に知ることはできないが、それぞれの共同体がすでに発展を遂げていた十八世紀初めの統計によれば、プファーゼーではキリスト教徒一四一世帯に対してユダヤ人は二八世帯であった。一世帯五〜六人とすれば、少なくとも一五〇人のユダヤ人がこの村に住んでいたことになる。それは村の人口の二割に近い(ユダヤ人の奉公人もおり、一〇人近い下男下女を雇う商家もあったから、ユダヤ人の数は現実にはもっと多かったと考えられる)。なおこの村のユダヤ人のうち五世帯は独立した家屋敷をもっており、その他は共同の住居で暮らしていた。ユダヤ人が使っていた家屋の総数は一二軒である。プファーゼーには皇帝や諸侯に仕えた宮廷ユダヤ人の家系であるオッペンハイマー家やウルマン家の出身者もおり、貧富の差は大きかった。もちろんキリスト教徒にも富裕層と小屋住みの貧困層がいた。

他方、クリークスハーバーには六三世帯、三〇〇人以上のユダヤ人がおり、合計一八軒を使っていた。この村の場合はユダヤ人の数のほうがキリスト教徒より多く、六割近かった。ビンスヴァンゲンでは四六世帯のユダヤ人が二三軒の家に住み(人口の三割)、ブッテンヴィーゼンでは四三世帯のユダヤ人が一七軒の家に住んでいた(人口の四割)。これらの村のユダヤ人は一カ所にかたまって住んでははおらず、彼らの住居は村内に散在していた。「ユダヤ人村」と呼ばれるゆえんである。

クリークスハーバーの場合は村の中心部、カトリック教会と宿屋（居酒屋）のすぐ近くにユダヤ人の家々とシナゴーグがあった。プファーゼーでも小さい城とカトリック教会と司祭館に囲まれた場所に数軒のユダヤ人の家があり、シナゴーグもカトリック教会のすぐ近くにあった。ブッテンヴィーゼンでも村の中心部にある（今日の）マルクト広場に面してユダヤ人の家が建ち並び、シナゴーグと専用墓地もあった。ただし村外れにも相当数のユダヤ人が住んでいた。これは交易に便利な街道筋を好むユダヤ人も多かったからである。ビンスヴァンゲンの場合は、ユダヤ人の家々とシナゴーグはカトリッ

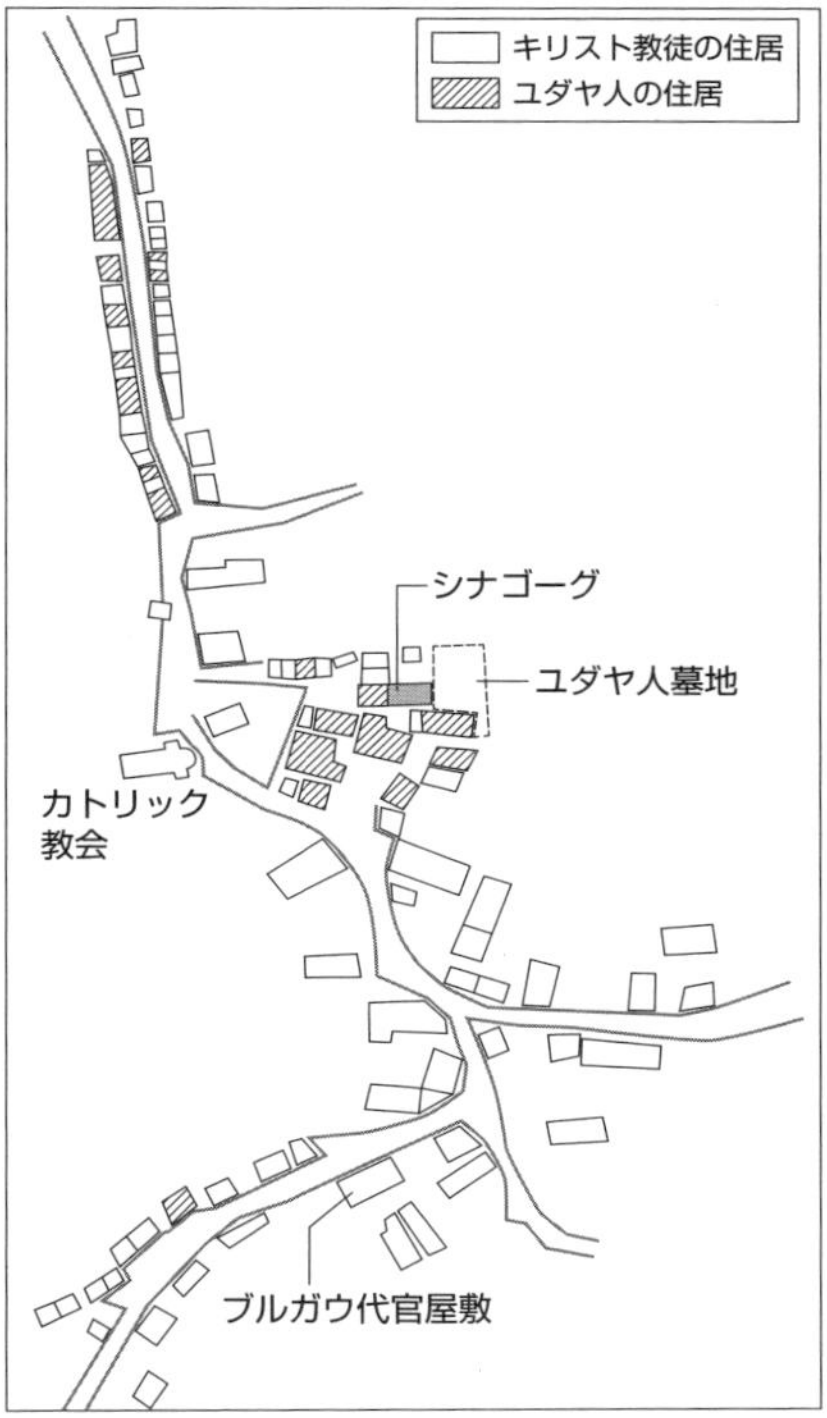

ブッテンヴィーゼン村の見取図

ク教会や広場から遠く、村外れの二つの通りへの集中がみられる。ただしそこにはキリスト教徒の家も混在しており、ゲットーは形成されていない。ユダヤ教の宗教施設としてはシナゴーグと並んでミクヴェ（宗教儀礼用の沐浴場）も重要である。これは地下水脈から新鮮な流水を得ることのできる建物の地下に設けられることが多く、四つの村のうち三つについては場所が確認できる。ただしプファーゼーについては詳しいことはわかっていない。しかし村内のどこかの家屋の地下空間にあったはずである。

ヨーロッパの村落社会は、キリスト教会を中心として教区民たちが肩を寄せ合って暮らす「聖なる空間」（宗教的空間）であり、その点で都市共同体と共通するが、ブルガウの村々はユダヤ人たちの宗教生活の場でもあり、両者の外延は完全に一致していた。ブルガウのユダヤ人がシナゴーグを建て、宗教儀式を執りおこなう権利を正式に許されたのは一六一八年のことである。ユダヤ人とキリスト教徒が入り混じって住む村の空間構成は、ハプスブルク家の君主や帝国騎士層がユダヤ人を呼び入れる際に、村内の空き家や使わなくなった共同利用の小屋を購入させる方法をとったことによる。近世のカトリック教会は「唯一の正しい信仰」を守るために「異教徒」であるユダヤ人とキリスト教徒を分離すべきであるとの立場をとっており、ブルガウでも地元の司祭たちがアウクスブルク司教の力を借りてしばしば領主に苦情を申し立て、「隔離」を求めていたが、世俗当局は現実的利害に従っており、教会の要求には冷淡であった。

例えばプファーゼーでは一六八八年、司教の反対にもかかわらず、教会の敷地から数歩しか離れていない場所に建つ家がユダヤ人の手に渡った。ユダヤ人の側は宗教生活の安定的な維持と相互扶助のために集住を望むことも多かったが、村の現実はそれを許さなかった。村の拡張や家屋の新築は難しく、空き家を買うか、すでに移住していたユダヤ人の家に間借りするしかなかった。「混住」の村はこうして誕生したのであった。ところで一五五一年にフェルディナント一世がオーストリア大公時代に発した布告によって、ハプスブルク家領のユダヤ人は黄色い輪の記章をつけさせられていたが、この義務は十七世紀前半、レオポルト五世によって有償で免除された。彼らは差別・蔑視・迫害の目印から解放されたのであった。

農村ユダヤ人はブルガウ辺境伯を支配するハプスブルク家に各種の税を払い、在地の領主にも保護税の名目で毎年二五グルデンほどの現金を納めた。シュヴァーベン各地からやってくるユダヤ人の奉公人も四グルデンほどの税を負担した。領主権力のユダヤ人政策は基本的に増収策であり、移住は選別的であった。十七世紀半ばにウクライナ方面で起きたコサック反乱(フメリニツキーの乱)の際に、迫害を逃れて多くのアシュケナジームがドイツにやってきたが、貧困層の増加を警戒した為政者たちは彼らの移住を食い止めようとした。しかし各地を放浪して物乞いをするユダヤ人の数は増える一方であり、プファーゼーには一六七〇年代に三〇~四〇人のユダヤ人放浪者の群れが到来したとの記録がある。彼らはポーランドやイタリアからきたユダヤ人だとされる。

ブルガウのユダヤ人たちは、無法者はともかく、物乞いをする貧しい同胞の救済のために自分たちで宿泊施設をつくり、共同金庫の資金を用いて宿泊施設の提供者に給金を与え、救貧活動をおこなった。この救貧活動には貧しいキリスト教徒も協力し、狭い小屋にユダヤ人を泊めることもあった。わずかな報酬が目的であった。一方、キリスト教徒の村落指導層は、治安の悪化や伝染病の危険を理由にこの救貧活動をやめさせようとし、裕福なユダヤ人たちのなかにもその動きに同調する人たちがいたという。多くの局面でキリスト教徒とユダヤ人は共通の利害を見出していたのである。

キリスト教徒の村落指導層は、具体的には「四人衆」と呼ばれる村役人であり、村落集会を取り仕切り、代官が主催する村落裁判を助け、村掟（むらおきて）を定め、違反者を取り締まる役割を担っていた。ユダヤ人も自治組織をもっており、監督（バルノッセン）と呼ばれる長老たちが財務（納税）や内部的規律の維持などに責任を負っていた。彼らは「ユダヤ人の四人衆」とも呼ばれ、ビンスヴァンゲンではキリスト教徒の四人衆と同じやり方で、つまり村落集会で毎年同じ時期に選出され、領主の承認を得て職務に就いた。彼らはまさに二重の村落共同体の指導者たちである。

各村の監督の上に立つ領邦単位の首席監督職も設けられていた。ただし宗教的権威はラビにあり、四つの村にはそれぞれラビがいた。プファーゼーにはブルガウ全体を統括する首席ラビもいた。なおユダヤ教の食物戒律に沿って処理されたコシェルと呼ばれる食品を確保するには、厳格に定められた方法に従って動物の血を抜いて精肉をおこなう技能を有するラビもしくは専門的な屠畜人が必要であったから、四つの村にもそうした役割をする者がいた。ただし自前の屠畜場をもつケースは珍しく、キリスト教徒の施設に依存することが多かった(専用のナイフなどの用具を持ち込んで使ったものと推測される)。

迫害は起きたか

ヨーロッパのユダヤ人史の大半は、迫害と追放の歴史として語られる。ブルガウ辺境伯領のユダヤ人村の生活環境は比較的恵まれていたが、差別や迫害がなかったわけではない。以下、十七~十八世紀前半のいくつかの事例を検討してみたい。

一六五〇年代のこと、クリークスハーバーの農民ミヒル・ブルクハイは、ユダヤ人の家畜商フデル・ヒッツィヒと牧草地の利用をめぐって争っていた。この紛争は代官による村落内の裁判では解決できず、皇帝の機関であるロットヴァイルの宮廷裁判所で審理がおこなわれることになった。そうしたなか、ブルクハイの息子とその友人が復活祭の前夜にヒッツィヒの家の井戸に豚の死骸を投げ込み、窓の鎧戸(よろいど)に石を投げる事件を起こした。豚はユダヤ人差別の象徴であり、復活祭の時期の投石はキリストが十字架につけられるためにゴルゴダの丘に向かう途上、ユダヤ人の子どもたちに石を投げられたこと(中近世に流布した伝説の一つ)への「復讐」であった。反ユダヤ主義はブルガウのユダヤ人村にも存在していたのである。クリークスハーバーでは墓荒らしも起きている。一六七五年、アウクスブルクのイエズス会神学校(聖サルヴァトル)の学生たちが巡礼の帰途、この村のユダヤ人の家の窓に石を投げ、ユダヤ人墓地に入ってつぎつぎに墓石を壊したのである。学生たちはビールを飲んでいたという。

プファーゼーに住むユダヤ人ラツァルス・ギュンツブルガーは、一六七七年、フェルトキルヒからやってきたマティアス・ザントホルツァーというキリスト教徒(学生)とつかみ合いの大喧嘩をしたが、その理由はザントホルツァーが路上でギュンツブルガーに因縁をつけ、「通せんぼ」をしてサイコロ税(通行料)をよこせと迫ったからであった。この税を巻き上げる真似事は、ユダヤ人を侮辱する行為であった。クリークスハーバーのモーセというユダヤ人も、一六七六年、同じような被害を受けていた。加害者はカウフボイレンからきたマルティン・ハインツェルマンというキリスト教徒(雑貨商)である。

復活祭前夜の襲撃、墓荒らし、サイコロ税の要求は、いわば手の込んだ反ユダヤ主義的行動であるが、ブルガウのユダヤ人村ではもっと単純な暴力事件も起きていた。一七一八年、シュタットベルゲンからきたキリスト教徒(農家の奉公人)が、プファーゼーでユダヤ人たちを罵りながら追いかけ、石を投げる事件を起こした。翌年にはビンスヴァンゲンのユダヤ人アブラハム・ミヒルの家の窓に、ポッセンリートおよびルッツィンゲンからきた二人のキリスト教徒(指物師)が石を投げ込むという悪さを働いた。こうした投石事件は十七世紀から頻発していた。一六四六年、プファーゼーのソロモンというユダヤ人の家も、シュタットベルゲンのクリスティアン・マイヤーという男によって投石の被害を受けている。これは夜間の事件であるから、突発的というよりソロモン個人を狙ったものかもしれない。なんらかのいさかいがあったのであろうか。

一六六四年、クリークスハーバーのユダヤ人レーヴの妻は、村の宿屋ミヒル・グライヒによって顔面を殴打され、重病に陥った。このユダヤ人夫妻と宿屋の主人は、彼らの家畜を預かる牧人の選出と扶養をめぐって口論していたという。レーヴはグライヒを訴え、裁判を起こすが、グライヒは「ユダヤ人はつねに嘘をつき、人を騙(だま)すから信用してはならない」と抗弁した。他方、レーヴの妻の世話をしていた女中エリーザベト・プフェーツァー(キリスト教徒)はレーヴの側に立ち、奥方の頬(ほほ)にはひどい青あざができていたと証言した。この裁判の結果を明らかにする史料は残っていない。

以上、ブルガウのユダヤ人が被害にあった事件を検討したが、それらにはいくつか注目すべき点がある。まずブルガウのユダヤ人村は必ずしも安全な場所ではなかったこと、突然の暴力や復讐事件が起きていたことである。ただし、加害者の多くはよそ者であり、ブルガウのユダヤ人とは接触のない近隣の村や町からの来訪者がユダヤ人やその家、墓地などに攻撃をしかけたケースが目立つことにも留意しなければならない。もちろん、同じ村に住むキリスト教徒とユダヤ人のあいだに起こった事件もある。しかし同時に、その背後に両者間の深い交流の事実が垣間見えることも看過できない。

迫害やいがみ合いの事例をまず検討したのは、それらを交流ないし協調の局面を調べる糸口にするためである。先にふれた同じ村に住むキリスト教徒とユダヤ人の争いは、明らかに両者の関係の近さと深さに起因するものであった。ブルガウの四つの村に家屋敷を所有するキリスト教徒の農民たちは、共有地とりわけ牧草地の用益権を分有しており、いわゆる小屋住みの小農や奉公人とは異なる富裕層（いわゆる完全農民）であったが、ユダヤ人もまた家屋敷を購入する資力があれば、完全農民と同じように共有地の用益権も得ることができた。共有の小屋を買った場合や大農の家屋敷の一部を購入したり、建て増しして住んだりしている場合は、原則として共有の牧草地は利用できなかった。ただし、そうした住民にも通常の半分だけの権利を与えたり、有償で一時的利用を許したり、家畜二頭分までの放牧を認めたりする村もあった。

一六一四年のブッテンヴィーゼンでは、一九家族のユダヤ人のうち牧草地の用益権をキリスト教徒の完全農民と同等に有していたのは六家族だけであった。ただしキリスト教徒の完全農民も多くはなかったから、ユダヤ人だけが冷遇されていたわけではない。重要なのは、ドイツの村落共同体の権利の一部がユダヤ人に与えられ、彼らも経済生活上の仲間団体（ゲノッセンシャフト）に組み込まれていたことである。一六六四年、クリークスハーバーではユダヤ人も村落集会に参加し、キリスト教徒たちと一緒に牧人の選出・任命をおこない、その給金を負担したという記録がある。ユダヤ人が牧人に選ばれる可能性もあった。ブッテンヴィーゼンでも同じような例がみられた。ここではユダヤ人が牧人の扶養のために拠出した金額がわかっている（一三グルデン）。食事の提供を分担することもあった（ユダヤ教の食物戒律に従ったコシェル食はキリスト教徒の牧人に嫌われたので、金納で済ませることが多かったという）。

いずれにせよ、ブルガウのユダヤ人には相当数の家畜商がいたから、よそで仕入れた家畜を飼うためには広い放牧地が必要であった。その家畜を預かって草を食(は)ませる牧人は、彼らにとっても重要な存在であった。しかしキリスト教徒の農民とは違い、ユダヤ人は放牧する家畜をしばしば変え、一度に三〇頭以上の馬を連れてくることもあった。このことはしばしば村内の争いの原因となった。よそから連れられてくる家畜は伝染病の原因になることもあったので、当局も警戒してしばしば検疫を義務づけた（ただし村役人たちに専門的知識は乏しかった）。四つの村では十七世紀後半に牧草地をめぐるトラブルが増えるが、これは三十年戦争後の人口増加のために牧草地が手狭になったからである。ところで牧草地と家畜をめぐるトラブルは、キリスト教徒のあいだでも頻発していたから、キリスト教徒とユダヤ人の対立を過度に強調することはできない。やはり注目しなければならないのは、両者が同じ牧草地を用い、牧人を選び、扶養していた協調関係である。

そのほかにも多様な協調関係が築かれていた。例えば道路整備のための労務や軍隊宿営時の奉仕の分担である。ただしキリスト教とユダヤ教の暦の違い、安息日・祝祭日の違いは共同作業を難しくし、摩擦を生むこともあった。兵士に宿を提供する義務は村落全体が負っており、家屋敷をもつユダヤ人も例外ではなかった。ところが、ユダヤ人に慣れていないキリスト教徒の兵士の狼藉(ろうぜき)を恐れて、代替金の納入を願い出るユダヤ人も多かった。これはキリスト教徒の不満につながる。兵士の宿泊は大きな負担であり、危険もともなったからである。一六七七年、プファーゼーのキリスト教徒たちは村をあげてユダヤ人の軍隊宿営協力義務の厳格な履行を領邦代官に求めた。

村のパン焼き小屋や屠畜場も、しばしば共同利用の対象であった。ユダヤ人の食するパンは彼らの食物戒律に従って焼かねばならないから、キリスト教徒のパン焼き職人のなかにはユダヤ人の客を避けたり、料金を不当に高く設定したりすることがあり、トラブルの原因になった。ビンスヴァンゲンでは一六七六年に領主の仲裁で協定が結ばれ、村のパン焼き小屋ではユダヤ人用のパンも焼くべきとの義務が明確化された(ユダヤ人が専用のパン焼き窯をもつようになるのは十八世紀になってからである)。キリスト教徒の屠畜場も、ユダヤ人の屠畜人がコシェル食用の精肉処理をするために使われていた。ただしユダヤ人が独自の屠畜場をもつことがなかったわけではない。いずれにしても、キリスト教徒の精肉業者はユダヤ人が競争相手になることを恐れ、ユダヤ人がキリスト教徒に肉を売らないように求めていた。ビンスヴァンゲンでは一六五七年に、そうした協定がキリスト教徒の肉屋ハンス・ヒンツラーとユダヤ人共同体のあいだで締結されている。

周知のようにヨーロッパのユダヤ人はしばしば金融業を営んだが、ブルガウでも事情は同じであった。四つの村でも彼らはしばしばキリスト教徒に金を貸していた。また、雑貨商や家畜商の信用販売も広くおこなわれ、それはもめごとの原因にもなった。一六八三年、ビンスヴァンゲンのハンス・リンクというキリスト教徒の農民が、ブロイとダーフィトというユダヤ人に六回も「嘘つき」となじられたとして裁判所に訴え出たが、原因はリンクが借金を払っていないことにあるとわかり、リンクの側が罰金を課される結果となった。

ところでブルガウにおいては、注目すべきことに、ユダヤ人がキリスト教徒から金を借りることもあった。これは十八世紀前半以降に目立ってくる現象である。用途は家屋の購入や商業上の投資、娘の嫁資などであった。ビンスヴァンゲンでは一七三八年、ヤーコプ・アブラハムというユダヤ人が鉄製品の取引に必要な資金を得るために、マテス・リーゲルというキリスト教徒の富農から一五〇グルデンを年利五%で借り入れた。リーゲルは複数のユダヤ人に金を貸していた。一方、同じ村のユダヤ人アブラハム・ミヒェルは、一七四〇年、キリスト教徒の村落の共同基金から三〇〇グルデンを年利五%で借り入れている。この時代になると農村社会にも「金融化」の波が押し寄せており、それは宗教を超えて進行していた。どちらの宗教に属する者も、債権者にも債務者にもなりえたのである。それは両者の深い共生関係ないし相互依存関係の表れでもあった。

金銭問題を背景とする争いは、キリスト教徒どうしでも起きたし、キリスト教徒とユダヤ人のあいだでも起きたが、興味深いのは、宗教の違いを考慮せずに裁判に持ち込まれるケースが多かったことである。一六五九年、ビンスヴァンゲンの肉屋ハンス・プロートライスは、ユダヤ人ヨーゼフ・ハイムから居酒屋で泥棒呼ばわりされ、名誉の回復を求めて村の裁判所に訴えたところ、裁判所はハイムに公式の謝罪を命じた。ハイムは命令に従い、一件落着となった。一六七六年、同じ村ではユダヤ人がキリスト教徒を名誉棄損で訴えた珍しいケースも記録されている。モーセというユダヤ人が村落集会の際、公衆の面前でキリスト教徒の農民メルヒオル・ゼンクから暴言を受けたとして訴えを起こしたのである。この裁判の結果はわからないが、名誉をめぐる争いが宗教の違いを超えて展開していたことは間違いない。ユダヤ教における名誉の観念とキリスト世界のそれは同一ではないが、誹謗(ひぼう)中傷によって個人の名誉が傷つけられたかどうかを争う際には、キリスト教社会の世俗的な法規範に従うことができたのであろう。

ここで確認しておきたいことがある。ユダヤ人を死刑執行人や墓掘り、娼婦、物乞いと同じく「不名誉」な存在と位置づけ、名誉ある人々の社会集団から切り離された「周縁」的グループとみなす社会史的研究の結論は必ずしも正しくないことである。ブルガウのユダヤ人たちは、キリスト教徒の村落集会に加わり、居酒屋にも出入りし、裁判所に出頭して自ら「名誉」をめぐる争いを繰り広げていたのである。前近代における名誉と不名誉の線引きには注意が必要である。

例えば死刑執行人と一緒に酒を飲むことは忌避されたが、ユダヤ人との居酒屋でのつきあいはそうではなかった。こうしたユダヤ人には正式の店をもつことが許されていない場合が多く、商いの場所として居酒屋や宿屋の一室が選ばれることがあった。居酒屋は男女の(不道徳な)出会いの場でもあったが、そこではキリスト教徒とユダヤ人のあいだに深い関係が生じることもあった。一七〇八年、プファーゼーのシモン・デフェレというユダヤ人が、アウクスブルクからきたウルスラ・エンゲルシャルクという女性(おそらく娼婦)と居酒屋で酒を飲み、一夜をともにして訴えられ、裁判にかけられた。結果は女性が追放、男性が五〇グルデンの罰金刑であった。領邦や都市によっては中世以来の伝統に従ってユダヤ人とキリスト教徒の肉体関係を死刑をもって禁止していたことを想起すれば、この二人にくだされた刑罰は厳しいとはいえない。

いずれにしても、ブルガウの村ではキリスト教徒の共同体とユダヤ人の共同体は重なり合っており、両者は緊張に満ちた共生関係にあった。両者は互いに協調しなければ、狭い村での日常生活は成り立たなかった。このことは、四つの村のユダヤ人に対する迫害や暴力事件の加害者の多くが、同じ村の住民ではなく部外者によるものであった事実と無関係ではない。もちろん村のなかにも、確信的な反ユダヤ主義者は存在していた。それでも、村の多くのキリスト教徒たちのあいだに、ユダヤ人を忌避すべき被差別民としてではなく隣人として遇する意識が広がっていたことは否定できない事実である。

教会と信徒

ヨーロッパにおけるユダヤ人への差別と偏見を助長していたのは、いうまでもなくキリスト教会であり、聖職者たちであった。ブルガウの村々でも状況は同じであった。とくに外部から新しく赴任してきた教区司祭はユダヤ人の多さに驚き、彼らとの日常的接触が信徒の「魂の救い」を害していると感じると同時に、キリスト教人口の相対的な少なさゆえに教会の収入が減っている事実を嘆いた。「真の宗教」たるカトリック以外を信じる人々の存在は、それが異端者であれ異教徒であれ、共同体全体に神罰・害悪をもたらすと素朴に信じる司祭も多かった。土曜日を礼拝日とし、日曜日には働き、教会帰りのキリスト教徒を相手に商いをするユダヤ人は彼らにとって、「安息日をおぼえてこれを聖とせよ」〔『出エジプト記』二〇章〕の戒めに背かせる可能性をもたらす危険な存在であった。周知のようにユダヤ教では安息日は土曜日だが、キリスト教徒は日曜日に神を讃えるのである。ユダヤ人はこのずれをじかに肌で感じさせる人々であった。

一六七〇年、プファーゼーの司祭になったヨハン・リップは、着任早々、教会とその墓地から見えるユダヤ人の家々の窓を閉ざすように要求し、かつ村の中心部の家屋がユダヤ人の手に渡るのを阻止しようとした。しかし領主や代官の反応は思わしくなかった。同じ頃、ビンスヴァンゲンのキリスト教徒アントン・クルンスの妻は農繁期の日曜日に畑に出て処罰されたが、村の司祭は「ユダヤ人の悪い見本」のせいだと主張した。どの村の司祭にとっても、ユダヤ人は宗教的な理由で忌避すべき存在であった。

宗教行事自体をめぐるトラブルも起きた。例えばカトリック教会の聖体行列の際、ユダヤ人の家の窓を閉めさせることはできても、彼らの安息日（土曜日）に行列が催される場合には別の障害があった。それはユダヤ人が安息日に許される歩行の範囲がわかるように据えつける柵（杭と綱）である。ユダヤ人村ではこれが通りの随所にめぐらされ、行列の邪魔になった。司祭はしばしばこれを挑発と受け止めた。この柵は別の宗教の存在とその「境界」を顕在化させるもののようにみえた。プファーゼーでは司祭館の両隣にユダヤ人の家があったため、司祭館が柵で取り囲まれてしまった。ブッテンヴィーゼンでは教会前の広場を柵が横切った。

一七二二年、クリークスハーバーの司祭ヨハン・ラントルトは、この「迷信的な柵」の設置はユダヤ人には禁じられているはずの「公然たる宗教活動」にあたるものだと主張し、「われらの真の宗教」を冒瀆するものだと非難して撤去を要求した。アウクスブルク司教はこれを支持するが、在地の領主たちや代官は教会のいうことを聞かなかった。そうしたなか、キリスト教徒の子どもたちが柵を引き抜く事件を起こす。代官は村人たちにその弁償と修復を命じるが、悪さをした子どもの親たちはそれを拒否した。この事件からは、聖職者だけでなく信徒も安息日の柵に反感をもっていたことがわかる。なお聖体行列は、アウクスブルクなどの複数宗派並存都市ではカトリック教会がプロテスタント住民に自分たちの宗教の荘厳さを誇示する機会ないし手段と位置づけられており、対立を招きやすい催しであったといえる。

ただし、ブルガウの四つの村では、ユダヤ人によるキリスト教徒の嬰児殺し（儀礼殺人）や聖体（ホスティア）の冒瀆といった中世以来の伝説ないし妄想が過激な迫害事件をもたらすことはなかった。特筆すべきは、やはり協調ないし共生の関係である。それは経済生活ばかりでなく宗教の領域にもおよんでいた。例えばユダヤ人の祝祭日や結婚式の際、村のキリスト教徒が楽士として演奏を引き受けることがあった。キリスト教会はこれを警戒し、とくに待降節（たいこうせつ）（クリスマス前の四週間）や四旬節（しじゅんせつ）（復活祭前の四〇日間）などの慎みの時期にはこれを厳禁しようとするが、ブルガウのユダヤ人の首席監督が一七〇〇年にインスブルックのハプスブルク政庁に請願をおこなった結果、当局は貧しいキリスト教徒から仕事を奪ってはならないという理由もあげながら、楽士の行動を特例的に認める姿勢をとる。教会はそもそもユダヤ人の野外の結婚式を（本来認めてはならない）公然たる宗教活動として禁じるべきだと主張していたが、世俗当局は容認しつづけた。ただし一七二二年のクリークスハーバーでの事例のように、教会を刺激しないようにユダヤ人の結婚式でのキリスト教徒の楽士の演奏は室内に限るという命令が出されたこともある。とはいえ、そもそもユダヤ人の結婚式は、シナゴーグの前に布製の天蓋（フッパー）をしつらえておこない、参列者が行列して新郎新婦を新居まで送るものであり、室内だけでおこなうには無理があった。

ユダヤ人のもとで働いたキリスト教徒は楽士だけではない。女中の仕事も村の貧しい女性たちの重要な収入源であった。とくに安息日にユダヤ人女性は家事をしてはならないため、土曜日はかき入れ時であった。仕事場はユダヤ人の自宅や畜舎であった。一六九八年、プファーゼーの司祭イグナティウス・エッシェンローアはこうした状況を説教壇から批判し、わずかな給金のために魂の救いを危険にさらしてはならないと信徒たちに呼びかけている。日曜日の日の出まで続く仕事のせいで早朝ミサに出ない女性や、勤務中に発作を起こして終油も受けられないまま死亡した女性もいたと彼は述べている。他方、ブッテンヴィーゼンではシナゴーグの雑用を引き受けるキリスト教徒さえいた。このことは一七二五年の司祭の苦情からわかる。

しかし同一七二五年、この村の女中たち自身が声をあげ、自分たちは必要に迫られて働いているのだと主張している。雇用の機会を提供してくれるユダヤ人は、彼女たちにとってはなくてはならない存在であった。彼女たちはキリスト教会の信徒であったが、教会の命令に従うだけでは暮らしていけなかった。教会と信徒は必ずしも一体ではなかったのである。また、クリークスハーバーでは村の「四人衆」も、教会の側に立ってユダヤ人家庭やユダヤ教施設でのキリスト教徒の副業をやめさせようとしたが、打つ手はなかった(一七二二年)。

ブルガウ辺境伯領の四つの村のキリスト教徒とユダヤ人の協調ないし共生の事例は、ユダヤ人人口の多いシュヴァーベンでも特例だと指摘する論者もいる。しかし村落共同体の共有地の用益権がユダヤ人にも与えられた例はヘッセン・カッセル方伯領にもみられ、フランケンでも少数ながら確認されている。そうした場所では、ブルガウの四つの村と似かよった状況が起きていた可能性がある。

狭いゲットーや指定された場所にひしめきあって暮らす、名誉なき被差別民というユダヤ人像を鵜呑みにしてはならない。また中世の十字軍時代、ペスト時代の迫害や二十世紀のホロコーストの悲劇を前提にし、キリスト教徒とユダヤ人の関係を迫害と分離の相のもとに図式的にとらえてはならない。歴史的現実はもっと複雑であり、キリスト教徒とユダヤ人の相互依存・協調・共生の事例もまた事実として認識する必要がある(古くは十世紀から十一世紀にかけて、シュパイヤーやヴォルムス、マインツ、トリーアなどの司教や大司教たちがユダヤ人を厚遇し、「共住者」と位置づけて保護した例も知られている)。

例外扱いはたやすいが、数カ所で起こっていたことは別の場所でも起こっていた可能性がある。もちろん近世のヨーロッパ人が、ユダヤ人を偏見なく受け入れていたと主張することはできない。彼らは啓蒙(けいもう)とも合理主義とも無縁の世界に生きていた。そしてキリスト教会の教えや伝説や幻想にとらわれていた。そうしたことは事実として認めなければならないが、前近代のキリスト教徒たちにも、同じ空間に住んで働く隣人としてのユダヤ人に接する経験を積み重ねるなかで、ブルガウの四つの村の住民たちにみられるように、伝来の差別意識や恐怖心や憎悪を克服ないし抑制し、一定の共存の秩序を築くことはできたのである。

〈踊 共二〉

第8章 ムスリムに生まれて

地中海からサハラ以南に拡散するモリスコ

一六〇九年の追放令により、モリスコ（改宗ムスリム）は所定の動産のみを携え、三〜二〇日以内に生地を離れなければならなかった。追放を免れたのは、一部の敬虔な有力モリスコ、「旧キリスト教徒」と結婚したモリスコ女性とその子ども、六歳以下のモリスコの子どもたちなどであった。しかし短期間での移動は容易ではなく、違反者は厳罰に処されたことから、モリスコ反乱が勃発するのは避けられなかった。バレンシア地方の都市デニア北方、ラガール渓谷の峻厳なポップ山地——鞍の形をした緑豊かな地形から「緑の馬」として知られる——に立てこもったモリスコは、その一例である。

　ポップ山地に集結した多数のモリスコは、水車職のメリーニを反乱指導者に擁立し、外部から「約束された神秘的な支援」が届くことを期待して、絶望的な戦いを続けた。ポップ山地はアラゴン王ハイメ一世との「聖戦」を戦った、伝説上のムスリム戦士アルファタミが、「緑の馬」とともに埋葬された「聖地」であり、復活した戦士と「緑の馬」が、キリスト教徒を殲滅し、モリスコを救済する「聖なる空間」とされた。終末論やメシア思想が、モリスコ反乱者のあいだでも共有されたことは注目してよい。同時に興味深いのは、伝説上の戦士アルファタミと、「白馬」にまたがって天から舞い降り、異教徒を殲滅する聖ヤコブ像との親近性である。「聖ヤコブのムスリム版」ともいうべきアルファタミは、モリスコのシンクレティズムないし同化の進行を傍証するのかもしれない。

追放され、越境するモリスコ

追放時のモリスコ人口は、アラゴン連合王国に約二一万、カスティーリャ王国に約一一万の計三二万ほどであったが、一六〇九〜一四年にかけて、その九四%にあたる約三〇万のモリスコが追放された。その内訳はバレンシア地方一三万、アラゴン地方六万、新旧カスティーリャとエストレマドゥーラ地方四万五〇〇〇、アンダルシーア地方三万などで、バレンシア地方の比重がもっとも高く、追放モリスコの約四四%に達した。当時のスペインの総人口は七〇〇万ほどで、モリスコ人口は総人口の四・五%程度であったが、地域差が大きく、とりわけバレンシア地方の比重が突出して高い。二一万という人口流出は、アラゴン連合王国総人口の二一%、バレンシア地方にいたっては、全地域人口の三五%近くを占めた。

追放されたモリスコの一部は、フランス、イタリア経由でイスタンブルやサロニカに向かったが、大部分はフェズ、マラケシュ、テトゥワン、アルジェ、チュニス、テストゥールなどのマグリブ諸都市に定住した。バレンシアやアラゴン地方のモリスコは、アルジェ、チュニス、テストゥールをはじめとするマグリブ中部、東部諸都市に追放される一方、新旧カスティーリャ、エストレマドゥーラ、アンダルシーア地方のモリスコは、主としてフェズ、マラケシュ、テトゥワンなどのマグリブ西部諸都市に亡命した。しかしマグリブ諸都市が、すべてのモリスコにとって「約束の地」となったわけではなかった。追放されたモリスコのなかには、アラビア語やムスリムとしてのアイデンティティを喪失した者も少なくなく、在地ムスリム社会への同化が容易ではなかったからである。そうした状況下に一部のモリスコは、スペインがマグリブ地方に有する城塞都市セウタ、メリーリャ、オラン経由で、スペインへ帰還し、ふたたびキリスト教に改宗している。

一六一四年に完了したモリスコ追放は、十六世紀末に始まったスペイン社会の危機をいっそう深刻なものとした。もっとも大きな打撃を受けたのは、人口の約三分の一を喪失したバレンシア地方であった。バレンシア地方の領主権力は、モリスコ保有地に「旧キリスト教徒」農民を入植させたが、彼らはバレンシア地方内陸部の小農経営に不可欠な、小規模灌漑農業技術をもたなかった。そのため入植地は放棄され、サトウキビや米、生糸、絹織物生産が激減したのみならず、モリスコ村落の多くが廃村と化したのである。バレンシア地方の農業生産が、モリスコ追放以前の水準に回復するのは、十八世紀以降を待たねばならない。

マグリブ諸都市に定住したモリスコは、在地権力やウラマー（イスラーム法学者）の保護、スペイン語を用いた再教化政策がとられたこともあり、しだいにマグリブ社会に同化していった。彼らの多くは固有の法と共同体をもつ、市内の「アンダルス人地区」に集住し、繊維・皮革・建築・金属関連手工業と小売商業や国際商業に従事した。商業活動の一環として、インディアス（アメリカ）航路やスペイン南東部への「海賊行為」に携わるモリスコも確認される。スペイン王権はこれを「海賊行為」として断罪したが、不当に財産を簒奪され、家族を奪われた「新キリスト教徒」のモリスコにとって、それは単なる「海賊行為」ではなかったであろう。

多数のモリスコの流入は、在地社会との軋轢要因となる一方で、商業・手工業・農業技術や食文化を含む文化移転を進展させた。国際商業に関与したチュニスの有力モリスコで、共同体代表を務めたムスタファ・アル・カルダーナスは、その典型である。彼は十七世紀前半のチュニス郊外で、奴隷を使ったオリーヴのプランテーション農業を展開したが、それはアメリカ植民地の奴隷制プランテーションをモデルとしたものであった。モリスコによって再建されたチュニス北西部の小都市テストゥールでは、モリスコが同市の政治・経済的実権を掌握し、ヨーロッパの先進的農業技術と集約農業を導入した。建築技術も移転され、テストゥールのグラン・モスクのミフラーブ（聖龕）には、バロック様式の切妻がしつらえられている。中南米原産のトウモロコシやトマトの普及、マグリブ各地に伝来するスペイン起源の地名――バレンシア(Balansi)、アリカンテ(Alikanti)、マラガ(Malqi)、セビーリャ

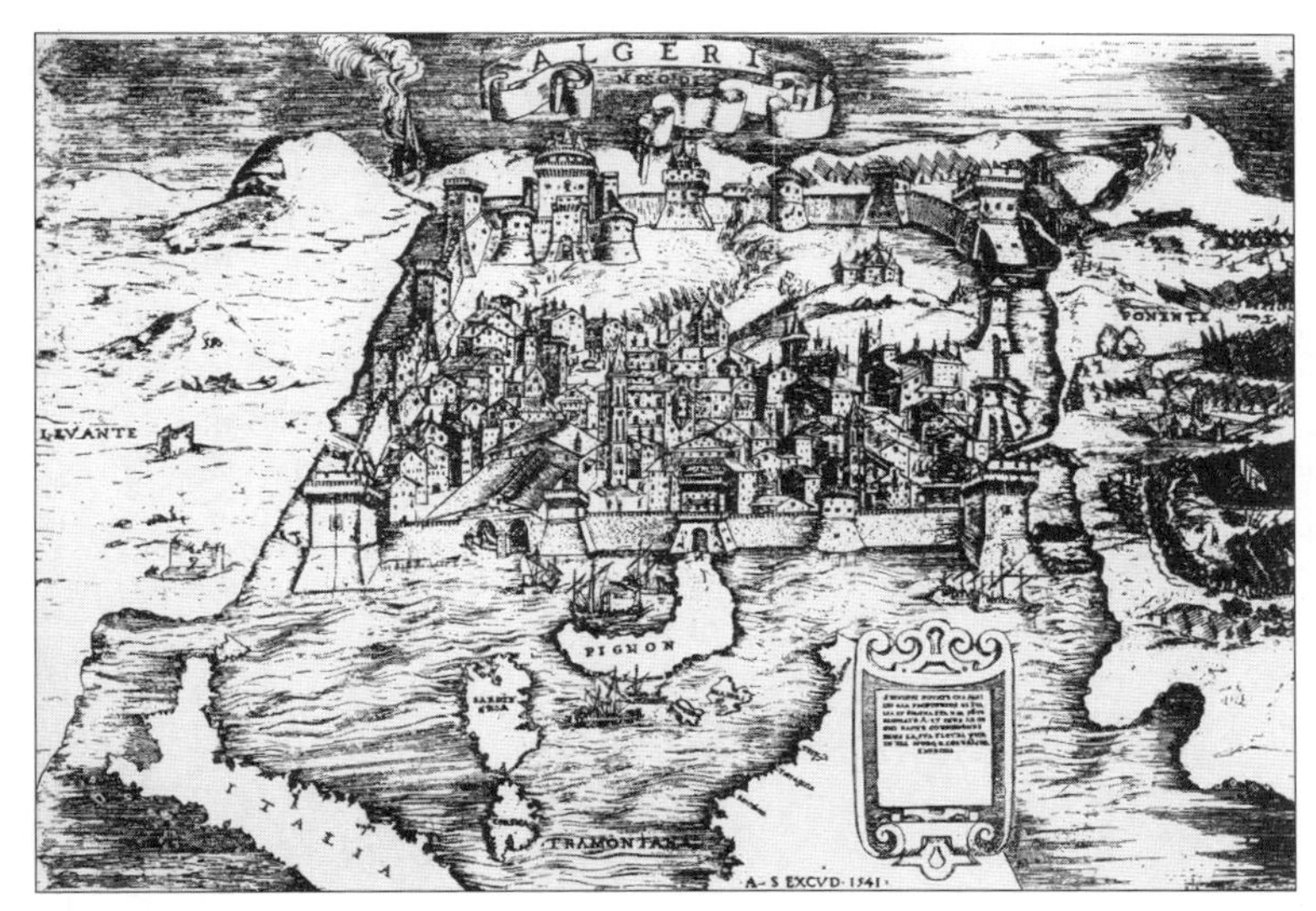

▲1541年のアルジェ

▲モリスコ追放

(Ishbili)――や音楽も、モリスコ追放と密接に関わっている。

言語的にも宗教的にも二つの世界に属したモリスコは、軍事技術の移転や外交交渉、荒廃したマグリブ都市の再建にも重要な役割を担った。十六〜十七世紀にモロッコ北部の海港都市テトゥワンに入植したモリスコ、スペインからマグリブ地方に渡ったユーデル・パシャとイブン・ザルクーン、西ゴート貴族に起源をもつとされるカティ家、アル・ハジャリーはその一例である。その一方で、個人的・政治的理由からスペインに亡命し、改宗してモリスコとなるアブー・ハサンやムーレイ・シャイフのようなムスリム王族もみられる。モロッコ北部のワッタース朝、アルジェリアのザイヤーン朝、チュニジアのハフス朝の王族についても、同様のことが指摘できる。スペインとマグリブ地方が一衣帯水であったことから、モリスコの越境は、スペインからマグリブ地方へと一方通行だったのではなく、双方向性を有するものであった。

テトゥワンのモリスコ

モロッコ北部、マルティィン川河口に位置する海港都市テトゥワンは、セウタを拠点とするポルトガル軍のたびかさなる攻撃で、十五世紀後半までなかば廃墟と化していた。セウタは一四一五年以降、ポルトガルのアフリカ経営の最前線基地であったが、ポルトガルがスペインに併合された一五八〇年、スペイン領に編入された。十五世紀末にワッタース朝のスルタンから、テトゥワン防衛を委ねられたグラナダ貴族マンダーリーは、グラナダ陥落の直前、数百人のムスリムとともにテトゥワンに亡命した。マンダーリーは、侵攻を繰り返すポルトガル軍を排除して、ムデハル（キリスト教徒支配下のムスリム）やモリスコ難民を受け入れ、またスペインを追われたユダヤ人やマラーノも受容し、都市的基盤を確立した。その結果、十六世紀初頭に約三〇〇〇であった都市人口は、十七世紀初頭には約一万へと急増した。十七世紀初頭に市内のマンダーリー街区が、南北に三倍ほど拡張され、新たなモスクや城壁が建設されたことは、これを象徴するものである。

テトゥワンの寡頭支配層を構成したのは、グラナダ貴族のマンダーリー家やモンファダール家、モリスコを支持基盤とするベン・アリー家、市内の有力モリスコと婚姻関係にあったナクシス家のような在地家門であった。一部にユダヤ人を含むとはいえ、テトゥワン住民の多数を占めたのは、スペインから亡命して再改宗したモリスコであり、十七世紀初頭のモリスコ追放令により、それはいっそう顕著となった。こうした「モザイク都市」テトゥワンでは、寡頭支配層と民衆の対立、寡頭支配層間の権力闘争、反ユダヤ運動が頻発し、社会的緊張を免れることはできなかった。加えて在地ムスリムとモリスコ、「旧モリスコ」（十六世紀半ばまでに定住し、イスラーム社会への同化の進んだモリスコ）と「新モリスコ」（十七世紀初頭の追放令により流入し、ムスリムに改宗したモリスコ）との軋轢も表面化し、テトゥワン社会に馴染めない一部の「新モリスコ」は、セウタ経由でスペインへ帰還して、キリスト教に再改宗した。

モリスコの多くは手工業や小売商業に従事したが、一部の有力住民はユダヤ人商人と結んで、キリスト教徒の戦争捕虜奴隷やスブサハラ(サハラ以南のアフリカ)の黒人奴隷を扱う、奴隷貿易に携わった。奴隷貿易と並行して有力住民は、商業活動の一環としてスペイン船への「海賊行為」を展開した。セビーリャがアメリカ貿易を独占したことから、貴金属を積載したアメリカ貿易船はテトゥワン沖合を通過せざるをえず、有力住民による「海賊行為」の標的となった。

十六〜十七世紀のテトゥワンは、一時期を除きサアド朝の支配下には基本的に組み込まれず、有力家門による「都市共和政」が維持された。一六二五年には有力家門ナクシス家のイーサー・アン・ナクシスが、イギリスからの武器・弾薬の供与、イギリス艦隊の支援を条件に、スペイン領セウタを攻略する旨をイギリス大使に約束すらしている。スペインを追われたモリスコにとって、テトゥワンは「約束の地」としての一面を有していたのである。

ユーデル・パシャとイブン・ザルクーン

サアド朝最盛期のスルタン、アフマド・アル・マンスールは、イスタンブルへの亡命経験があり、オスマン帝国の政治・軍事制度に習熟していた。一五七八年のアルカサルキビールの戦いに勝利し即位したマンスールは、スルタン権力を強化するため、モリスコやユダヤ人といった宗教的マイノリティを積極的に登用した。同時にオスマン帝国のイェニチェリ(改宗ムスリムの常備軍団)にならい、ス

マラケシュにあるサアド朝の最盛期のスルタン，マンスールの墓廟

ルタン権力への忠誠心の強い宗教的マイノリティ軍を組織したのであった。マンスール側近の宦官として、首都マラケシュ総督、ソンガイ帝国遠征軍の司令官を務めたユーデル・パシャ（イブン・ユースフ）や、彼の後任のイブン・ザルクーンは、その典型である。

ユーデル・パシャは一五六〇年頃に、スペイン南部アルメリーア地方のモリスコの家に生まれた。第二次アルプハーラス反乱後の一五七三年、ユーデル・パシャはテトゥワンを拠点とするムスリム「海賊」のアッドゥガーリーに拉致され、宦官としてモロッコでの第一歩を踏み出した。アッドゥガーリーもスペインを追放されたモリスコであり、イスラームに再改宗後、火縄銃を装備した多数のモリスコを率い、「海賊行為」を生業としていた。アルカサルキビールの戦いに参加し、マンスールの軍事的勝利に貢献したものの、マンスールにより反逆罪で処刑された。

サアド朝の王族とともに宮廷で政治・軍事教育を受けた

ユーデル・パシャは、アッドゥガーリー処刑後、マンスールの側近として頭角をあらわし、軍人や徴税官として活躍した。マンスールは彼の能力を高く評価し、首都マラケシュの総督に抜擢した。それと並行して、敵対する「黄金の国」ソンガイ帝国征服に着手し、その遠征軍司令官にユーデル・パシャを任命したのである。金と黒人奴隷、塩を主要商品とするトランスサハラ貿易の独占、それを財源とした軍事力の強化、ニジェール川中流域の黒人国家たる、ソンガイ帝国への「正統派」イスラームの扶植が、マンスールの主要目的であった。

マンスールの命を受けたユーデル・パシャは、火縄銃を装備した約二五〇〇の歩兵と騎兵、二〇〇〇のマグリブ人槍兵から成る遠征軍を編成し、食料・水・武器・弾薬を運ぶ九〇〇〇頭のラクダと馬も調達した。火縄銃を装備した二五〇〇の歩兵と騎兵の多くは、イスラームに再改宗したモリスコであった。一五九〇年十月にマラケシュを出発した遠征軍は、一三〇日をかけ多くの犠牲を払いながらサハラ砂漠を縦断し、九一年二月トンディビの戦い(大量の火縄銃を動員したスブサハラ最初の戦い)で、ソンガイ軍を撃破した。ニジェール川中流域の主要都市トンブクトゥとガオを征服し、ソンガイ帝国を倒して、初代トンブクトゥ総督に任命されたが、ニジェール川以南への侵攻を拒否し、マンスールに罷免された。

第二代トンブクトゥ総督のイブン・ザルクーンも、グラナダ地方出身のモリスコで、第二次アルプハーラス反乱に参加したのち、マラケシュに亡命し、ユーデル・パシャの知己を得た。サアド朝のスルタン、ムーレイ・アブドゥアッラー没後の王位継承争いにおいて、マンスールに仕え、マンスールとともに一時期アルジェに亡命した。オスマン帝国の軍事援助で、約七〇〇〇のモリスコ兵を組織したイブン・ザルクーンは、アルカサルキビールの戦いで軍功をあげ、一五九〇年、マラケシュと並ぶサアド朝の主要都市フェズ総督に任命された。ユーデル・パシャ罷免のあとを受け、トンブクトゥと

ユーデル・パシャの遠征路

火縄銃をもつモリスコ兵

ガオに入り、再度ソンガイ軍を敗退させた。一五九二年にトンブクトゥで反乱が起こると、ウラマーなどの反乱指導者をサンコーレ・モスクで虐殺し、反乱を鎮圧するとともに、約一三〇〇キロの金と一二〇〇人の奴隷を、マンスールのもとに送り届けたのであった。

西ゴート貴族に遡るとされるカティ家

カティ家は、西ゴート王国末期の反ロドリゴ派王族に起源をもつとされ、八世紀初頭の王位継承争いでは、イスラーム軍を支持した。イスラーム支配下のカティ家は、ラテン名をカッシウス家という有力モサラベ(ムスリム支配下のキリスト教徒)であったが、十二世紀半ばまでには、カティ家の多くがイスラームに改宗した。レコンキスタ運動の進展を背景に、改宗と再改宗を繰り返したのちの一四六七年、カティ家のアリー・ブン・ジヤード縁(ゆかり)の都市トレードで、大規模な反コンベルソ、反ムデハル暴動が発生した。これに危機感を抱いたアリー・ブン・ジヤードは、安住の地を求めグラナダ経由でマグリブ地方へ亡命した。

マグリブ地方ではセウタ、フェズ、モロッコ南部のオアシス都市シジルマサなどにしばらく滞在し、敬虔なムスリムとしてメッカ巡礼をはたした。メッカ巡礼完遂後、トランスサハラ貿易の起点でもあった、スブサハラのソンガイ帝国に向かい、主要都市の一つグンビに居を定めた。グンビではキャラバン宿を経営し、有力住民となる一方で、モスク建設費用を寄進し、敬虔なムスリムとしての社会的地位を確立した。グンビにはアリー・ブン・ジヤード以外にも、商業活動に携わるスペイン出身のムデハルやモリスコが定住していた。

アリー・ブン・ジヤードはグンビで、ソンガイ帝国のスンニ・アリー大王の姪にして、ムハンマド・アスキア一世の姉(妹とも)ハディージャと結婚し、ソンガイ帝国の王族へと社会的上昇を遂げた。このアリー・ブン・ジヤードとハディージャのあいだに生まれたのが、西ゴート王族とソンガイ王族双方の血を引く、ムハンマド・カティである。彼は、ムハンマド・アスキア一世のもとで育てられ、法学・歴史学・医学・天文学・アラビア語などを学び、ソンガイ帝国を代表する知識人の一人となった。十五世紀末には、ムハンマド・アスキア一世のメッカ巡礼に随伴し、帰国後、ムハンマド・カティはグンビ総督、ソンガイ帝国の財務長官に任命された。ソンガイ帝国に派遣されたフェズのスルタンの使節団に加わっていた、レオ・アフリカヌスと出会うのも、ガオの宮廷においてであった。しかし一五二八年、ムハンマド・アスキア一世が、息子のアスキア・ムーサによって王位を追われると、ムハンマド・カティはガオの宮廷を離れ、トンブクトゥ西部へ居を移し、その地で没した。

ソンガイ帝国が、一五九一年のトンディビの戦いで崩壊すると、サアド朝のスルタンの任命したユーデル・パシャやイブン・ザルクーンなどのモリスコ総督が、ニジェール川中流域を支配した。そうしたモリスコ総督の一人に、グラナダ出身のアンマール・アル・ファタがいる。彼はカティ家のナナ・ハンマと結婚し、アルマと呼ばれる在地有力家門の一翼を担うことになる。西ゴート王家に遡るカティ家は、改宗と再改宗を繰り返しながら、サハラ以南のソンガイ王家に連なり、征服者であるモリスコ総督も取り込みつつ、ニジェール川中流域の有力在地家門としての地位を確実なものとした。

サアド朝の廷臣となったモリスコのアル・ハジャリー

アル・ハジャリーは洗礼名をディエゴ・ベハラーノといい、一五七〇年頃にグラナダ地方（エストレマドゥーラ地方の中小都市オルナーチョスとの説もある）のモリスコ村落に生まれた。偽装改宗者であった両親のもとで、「隠れムスリム」として育てられたため、オーラル言語としてのアラビア語とスペイン語の双方に堪能であった。

その後アル・ハジャリーはスペイン帝国の首都マドリードに移り、そこでモリスコの医者から文字言語としてのアラビア語を教授された。他の多くのモリスコ同様、アル・ハジャリーも各地を転々としたが、セビーリャやグラナダ滞在中に、スペインに亡命していたモロッコの海港都市アシーラの城代イブン・テューダと親交を結ぶ。イブン・テューダは、王位継承争いに敗れたサアド朝の王族ムーレイ・シャイフに従って、フェリーペ二世治下のスペインに亡命したムスリム貴族である。しかし主君のムーレイ・シャイフがキリスト教に改宗するにおよんで、主君の毒殺を企てる。毒殺計画が挫折したのち、モロッコに渡り、マラケシュの宮廷でマンスールに仕え、アシーラ城代に復帰した。

一五九九年にモロッコに上陸したアル・ハジャリーは、ムスリムに再改宗し、イブン・テューダの推挙により、サアド朝スルタンのマンスール、ついで終末論やメシア思想の影響を受けたスルタン、ムーレイ・ザイダーンの廷臣(書記官・通訳・外交官)となった。一六一一〜一三年、アル・ハジャリーは外交官として、ルイ十三世治下のフランスやオランダに赴き、フランス人に不当に簒奪されたモリスコ財産の返還請求、対スペイン同盟の締結を実現している。帰国後、多くのモリスコの定住するモロッコ北部の海港都市サレに居を構え、アラビア語の不得手なモリスコのために、ムハンマドの生涯や奇跡譚のスペイン語訳に従事した。

サアド朝末期の一六三四年、念願のメッカ巡礼に出発し、三七年チュニスに居を定めた。チュニスでも、スペイン語の銃砲書のアラビア語訳に携わったが、そのスペイン語原著者は、モリスコのイブン・ガーニム(洗礼名リーベス)であった。この銃砲書は、ムスリムの聖戦への寄与を目的とした図説書で、銃砲の軍事的効果、銃砲の種類と部品、戦略、戦術、軍事組織などに言及している。一六三八年に同書の翻訳を校了したアル・ハジャリーが、チュニスもしくはチュニス南西の中小都市テストゥール(モリスコ入植地としても知られる)で没したのは、四一年以降と推定される。

アル・ハジャリーは、イスラームのみならず、キリスト教やユダヤ教にも精通した知識人であった。フランス、オランダ滞在中にカトリック、プロテスタント、ユダヤ知識人と三位一体説や偶像崇拝、コーランなどをめぐり議論したことからも、彼の該博な知識の一端をうかがい知ることができる。アル・ハジャリーは、一五八八年にグラナダで発見された羊皮紙文書にも関与した可能性が大きい。同文書はイエス昇天後の一世紀に、聖母マリアと使徒たちが開催した「公会議」の議事録という体裁をとり、スペイン語・ラテン語・アラビア語の三言語で併記された偽文書である。一時期、激しい真贋（しんがん）論争を引き起こした同文書の意図は、アラビア語を使うモリスコの存在を、歴史的に正当化することにあったといわれる。

キリスト教に改宗したサアド朝の王族ムーレイ・シャイフ

ムーレイ・シャイフはフェズを拠点としたサアド朝のスルタン、ムタワッキルの息子として一五六六年に生まれた。ムタワッキルはポルトガル王セバスティアンの軍事援助を受けて、叔父にあたるマラケシュのスルタン、アブドゥルマリク（アブド・アルマリク）と王位を争い、一五七八年アルカサルキビールで激突した。アルカサルキビールの戦いで、ムタワッキル軍は大敗を喫し、ムタワッキルとセバスティアンが敗死したのみならず、勝者であるアブドゥルマリクも落命した。アブドゥルマリクの弟マンスールが、新スルタンとして即位し集権化を進めるなか、ムーレイ・シャイフは六〇人ほどの家臣団をともなって、ポルトガルへ亡命した。ハジャリーをマンスールに推挙したアシーラ城代イブン・テューダは、ムーレイ・シャイフの母方の伯父にあたる。

フェリーペ二世がポルトガルを併合した一五八〇年前後から、スペインとサアド朝の関係は不安定なものとなり、無敵艦隊が敗北した八八年以降、緊迫した状態が続く。マンスールがスペインの拡大を阻止すべく、イギリスのエリザベス一世と軍事・経済関係を緊密化したことが主要因であった。そこでフェリーペ二世は、サアド朝の王位継承権をもつムーレイ・シャイフを、亡命先のリスボンからモロッコにより近い、アンダルシーア南西部の都市カルモナに呼び寄せ、マンスールの反スペイン政策を牽制した。

ついでフェリーペ二世は、ムーレイ・シャイフをハエン西方の中小都市アンドゥーハルに移す。アンドゥーハルは、モンセラート、サラゴーサ、グアダルーペと並ぶ、スペインの四大マリア聖地の一つであり、毎年四月の大祭には、スペイン全土から多くの巡礼者を集めた。多数の巡礼者と「聖血のマリア像」を目の当たりにして、また復位の可能性がほぼ断たれた現実を前に、一五九三年、ムーレイ・シャイフは改宗を決断する。聖母マリア(アラビア語でマリアム)は、預言者の一人とされるイエス以上に、ムスリムの崇敬対象となっており、マリア像を介したムスリムの改宗は、決して稀ではな

「フェリーペ２世」(アントニオ・モロ作, 1556年) フェリーペ２世は, 1580年にポルトガル併合をおこない,「太陽の沈まぬ帝国」に君臨した。

い。「一神教」とされるキリスト教とイスラーム間のこうした「宗教的相互浸透」も、ムーレイ・シャイフの改宗を促した一因であったろう。

ハエン司教から公教要理(キリスト教教理の解説)を授けられたムーレイ・シャイフの受洗式は、フェリーペ二世を代父とし、トレード大司教の司式により、一五九三年エル・エスコリアル修道院で盛大に執りおこなわれた。この受洗式には、スペイン帝国の主要貴族、高位聖職者に加え、教皇特使(のちのローマ教皇パウルス五世)、劇作家のローペ・デ・ベガなども参列した。預言者ムハンマドの直系を称するサアド朝の王族の改宗は、イスラームに対するキリスト教とスペイン帝国の勝利を意味しており、華麗で荘厳な受洗式でなければならなかった。教会の慣習に従い、白衣に身を包んだムーレイ・シャイフは、多くの騎士や従者を従え、代父フェリーペ二世の前にひざまずき、堅信礼を受けた。代父フェリーペ二世の名をとり、洗礼名はフェリーペ・デ・アフリカとされた。受洗後ムーレイ・シャイフは、フェリーペ二世の主要廷臣の一人に加えられ、サンティアゴ騎士団への入会を許された。

敬虔なマリア信仰の信徒として知られ、「モロッコとフェズ公」を称したムーレイ・シャイフは、マドリード市内に邸館を構え、近くにあった常設のプリンシペ劇場に足繁く通った。ムーレイ・シャイフの改宗をテーマとした、三幕構成のローペ・デ・ベガの戯曲『国王ドン・セバスティアンとモロッコ公の改宗』が上演されていたためである。マドリード、バルセローナ、セビーリャなどの主要都市に開設された常設劇場(コラール)は、名誉、信仰、キリスト教の優位、キリスト教と一体化した王権といった当時の支配的価値観を、役者たちが平易なスペイン語で発信し、民衆層に浸透させるイデオロギー装置でもあった。

ムーレイ・シャイフの特権は、フェリーペ三世からも追認され、スペイン騎兵軍指揮官として、一時期フランドル戦線で従軍した。フェリーペ三世がモリスコ追放令を発した一六〇九年、混乱回避のためイタリアに移り、ローマ教皇パウルス五世への拝謁を許されたが、一二年ミラノ近郊の小都市ヴィジェーヴァノで没した。

改宗するムスリム王族

十六世紀のマグリブ地方は、サアド朝の勢力拡大とスペイン帝国、オスマン帝国の侵攻のなかで、政治情勢が大きく変化し、ワッタース朝やザイヤーン朝、ハフス朝は内憂外患に揺れ、深刻な危機に直面していた。ワッタース朝、ザイヤーン朝、ハフス朝の王族は、こうした危機的状況を打破すべく、時としてスペインに軍事援助を求め、ジブラルタル海峡を越えた。スペインに渡り、スペイン王の家臣に加えられたムスリム王族のなかには、政治的あるいは宗教的理由から改宗する者も少なくなかった。古くからヒト・モノ・情報が活発に往来してきたスペインとマグリブ間では、政治的もしくは個人的理由による改宗は頻繁に生じており、ムスリム王族の改宗や再改宗も、そうした歴史と無縁ではあるまい。

アブー・ハッサンはサアド朝に倒されたワッタース朝最後のスルタンで、一五四九年、軍事援助を求めて、メリーリャ経由でスペインに入り、カルロス一世に臣従した。スペイン王の家臣団に加えられたアブー・ハッサンは、カルロス一世とともにヨーロッパ各地を転々とし、ドイツの宗教戦争にも関与した。しかしカルロス一世が、プロテスタント問題に忙殺されて、軍事援助に消極的であったことから、アブー・ハッサンはポルトガルに向かった。ポルトガル王ジョアン三世がアブー・ハッサンへの軍事援助を快諾したため、アブー・ハッサンはポルトガル軍とともにフェズに入城したが、サアド軍に敗れ、一五五四年に没した。

アブー・ハッサンが没すると、彼の妻がスペインに亡命・改宗し、ファアナと称した。ファアナはコルシカ出身のキリスト教徒であったが、ムスリムに改宗してアブー・ハサンの妻の一人となった。その女性が再度キリスト教に再改宗したのであり、個人的・政治的理由でキリスト教とイスラーム間を往来する王族の一例である。ファアナとともに息子のムーレイ・ヤフヤーも改宗し、後者はファアン・デ・カスティーリャを洗礼名とし、十六世紀末にフランドル戦争に従軍した。

モロッコに残った、アブー・ハッサンの孫ムーレイ・アラールは、一五七〇年代にカボ・ヴェルデ諸島経由でスペインに亡命、改宗し、ガスパール・デ・ベンヤミンと名乗った。ガスパール・デ・ベンヤミンは、一五七五年以降、フェリーペ二世に軍人として仕え、イタリア戦争やフランドル戦争で活躍した。彼の亡命と改宗は、重病で床に伏していたときに、聖母マリアの幻視を見て、快癒したことにあるとされるが、こうした宗教的動機とともに、スペインの軍事援助によるワッタース朝の再興という、個人的・政治的理由も伏在していた可能性が大きい。

同様の事例は、マグリブ中部、東部のザイヤーン朝やハフス朝でも確認される。ザイヤーン朝のムーレイ・ナザルはサアド朝やオスマン帝国に対抗するため、カルロス一世に軍事援助を求め、一五五一年、アルジェリア西部にあるスペインの城塞都市オランに入った。ムーレイ・ナザルはまもなく没したが、息子の一人はオランで改宗し、カルロス・デ・アフリカと改名して、スペインへ渡った。カ

「ミュールベルクの戦いのカール５世」（ティツィアーノ作，1548年）　スペイン国王カルロス１世は，神聖ローマ皇帝カール５世として，キリスト教再興の夢を追い続けた。

ルロス・デ・アフリカは、フランドル戦争やオラン防衛に参加し、サンティアゴ騎士団への入会を許されている。

ゴンサロ・エルナンデス・デ・コルドバも、ザイヤーン朝の王族に連なっている。彼の祖父は、一五〇九年のスペインによるオラン攻略に立ち会い、オラン総督の娘と結婚した。ムスリム王族とオラン総督(アンダルシーア貴族)双方の血を引くゴンサロ・エルナンデス・デ・コルドバは、アラビア語とマグリブ史に通じ、カルロス一世とフェリーペ二世の信任も篤かった。そのため彼はサアド朝との外交交渉の責任者となったが、一五五八年、モスタガネム攻略戦争に参加し、陣没している。

ハフス朝のムーレイ・ハッサンは、カルロス一世に臣従し、その軍事援助でスルタンに復位した。復位後ムーレイ・ハッサンは、スペイン商人に特権を付与し、チュニス市内でのカトリック信仰を許可したが、一五四三年、ふたたび王位を追われ、スペイン領南イタリアに亡命してキリスト教に改宗した。ムーレイ・ハッサンの孫のムーレイ・ハミーダは、イタリア亡命中の父が逝去した直後の一五七五年、スペイン領ナポリで改宗し、カルロス・デ・アウストリアと改名した。彼もまた軍人としてスペイン王に仕えたが、やがてフランチェスコ(フランシスコ)会に入り、一六〇一年に没した。

本章では、ムスリムに生まれながら、キリスト教世界と深く関わり、時に対立し、また時に共存ないし同化を遂げた人々について論じてきた。その過程で明らかになったのは、宗教を超える政治・外交・経済のダイナミズムであり、また聖人・聖母の崇敬、終末論やメシア思想といった基幹的な信仰の要素が宗教間の壁にしみ込み、やがて貫通するような強力な「浸透圧」である。

〈関　哲行〉

第9章 ヨーロッパからアメリカへ

アーミッシュの知られざる旅路

原始キリスト教において洗礼は基本的に成人に授けられていた。聖書には「信じてバプテスマを受ける者は救われる」と書いてある［「マルコによる福音書」一六章］。ここでは明らかに洗礼は能動的な成人の行為とみなされている。赤ん坊に洗礼を施す事例は聖書のどこにも（明示的には）出てこない。しかしながら、ヨーロッパ世界にキリスト教が浸透し、体制化するにつれ、幼児洗礼の慣習が広がっていった。そうしたなか、迫害と棄教ののち、教会への復帰を願う人々に教会が再洗礼を求めたり、それを批判する論争が起こったりした（三世紀のキプリアヌス論争や四世紀のドナティスト論争）。

その後の六世紀、ユスティニアヌス時代の帝国法により、再洗礼は死罪にあたるとされた。ところが十六世紀前半、ルターやツヴィングリがドイツやスイスで宗教改革を起こしてプロテスタント諸派の基礎を築くと、再洗礼を実行に移す新しい運動が起きた。彼らはカトリック教会からもプロテスタント正統派の諸教会からも厳しい弾圧を受けたが、その影響力は近世を通じて各地で保たれ、二十一世紀にも継承されている。しかしいったいなぜ、どのようにして彼らは生き延びることができたのであろうか。そしていったい何が信徒たちを、この迫害されるマイノリティ集団につなぎとめていたのであろう。本章では、この問いに答えるための一助として、北米移民後の再洗礼派の信仰と生活実践に注目しつつ、そのヨーロッパ的ルーツを探ってみたい。

再洗礼派運動の誕生と伝播

再洗礼派運動は、ドイツ語圏の複数の地域でほぼ同時発生的に生まれたが、とくに現代まで残る宗派の源流となったのは、チューリヒの改革運動から派生したグループである。彼らはカトリックからもプロテスタントからも迫害されながら、スイスの山岳地帯、アルザス・西南ドイツの農村部や大都市の片隅で生き延び、地下教会のネットワークを築いた。最初の指導者はコンラート・グレーベルらである。このグループは厳格な聖書主義に立ち、成人洗礼、非暴力、悪に染まった現世およびその支配権力からの分離(兵役や公職の忌避)の教えを説いた。こうして彼らの共同体は、いわゆる自由教会(フリーチャーチ)の道を歩み始める。スイス系の再洗礼派は、ドイツ農民戦争(一五二四、二五年)の時代には反権力的な民衆運動、自治農村の教区改革運動と関係することがあり、その後も近世都市国家や領邦国家の支配権の強化のなかで疎外感を強める農民層が再洗礼派の潜伏を助けた事例が各地で見つかっている。

スイス系の再洗礼派は、十七世紀半ばまでには、ほぼ同じ教えをもつオランダ再洗礼派すなわちメノー派(メノナイト)と合流することになる。オランダではドイツの都市ミュンスターにおける千年王国騒乱(一五三四、三五年)ののち、メノー・シモンズが非暴力路線をとって北ドイツ・オランダの再洗礼派信徒を再組織して迫害を耐え忍び、十六世紀末以降には寛容の対象とされて大きな勢力に成長していた。一方、スイス系のグループの影響を受けつつモラヴィア(チェコ)の領主に助けられ、独自の財産共有制のコロニーを樹立したフッター派(ハッタライト)も数万人の大勢力であった。そのメンバーは南ドイツ・オーストリア方面の再洗礼派が中心であったが、スイス各地にも伝道者を派遣し、迫害に苦しむスイス再洗礼派のモラヴィア亡命(フッター派への合流)を促した。ただしモラヴィアも安住の地ではなく、十七世紀前半には追放され、スロヴァキア、ハンガリー、トランシルヴァニア、ウクライナ、南ロシアなどに移っていった。なおこのグループの名称は、初期の指導者、ティロル出身のヤーコプ・フッターに由来する。

再洗礼主義諸派はそれぞれ、信仰告白やそれに類する文書、歴史書、讃美歌集、建徳書などを数多く作成し、宗派としてのまとまりをつくりだした。そのなかには相互に共通する伝承も相当数ある。オランダ再洗礼派が十七世紀に編んだ『殉教者の鏡——流血の劇場』[オランダ語の初版、一六六〇年]には、スイス再洗礼派の殉教物語も詳しく記されている。スイス、アルザス地方、西南ドイツにまたがって生じた再洗礼派の大分裂によって十七世紀末に誕生した保守的グループであるアーミッシュ派も、メノー派とともにこの分厚い書物を信仰の維持と強化のために用いてきた。アーミッシュの名は、ベルナー・オーバーラントのジンメンタール出身の指導者ヤーコプ・アマンの名に由来する。

各地の再洗礼派は、それぞれの動機やきっかけでたびたび亡命ないし移民を試みたが、十七世紀には北米大陸がその目的地として注目を浴びることになる。ドイツのメノー派はすでに一六八〇年代に、クエーカーに誘われて信仰の自由のあるペンシルヴェニア植民地(フィラデルフィア近郊のジャーマンタウン)に到達している。その後アーミッシュもつぎつぎに大西洋を渡った。オハイオ州とインディアナ州にも彼らの大きな定住地があちこちにある。スイスの再洗礼派もアメリカをめざした。彼らの多くはアーミッシュの場合と同じくオランダのメノー派に助けられ、ライン川を北上してロッテルダムから船に乗り込んだ。十八世紀がそのピークであった。

その後、十九世紀半ばに新しいスイス連邦国家が誕生して再洗礼派にも信教の自由を認めたが、北米移民は減らなかった。近代国家を防衛するための徴兵制(国民皆兵)が背景である。彼らは宗教上の理由による兵役拒否を認める国を探さねばならなかった。フッター派がロシアから北米(まず合衆国のサウスダコタ州・モンタナ州、ついでカナダのアルバータ州・サスカチュアン州など)に亡命したのも、十九世紀後半に新しい徴兵制が導入されたからである。

再洗礼主義諸派には、上述の教義上の特徴に関連した独特の新しい性質がある。それはカトリック教会の秘跡を徹底的に批判し、一般信徒が期待してきたようなそれらの魔術的効果をいっさい認めない点である。彼らはもちろん、聖人崇敬も特別な巡礼地の神聖性も認めない。聖人の名を唱えても巡礼をおこなっても病気は癒えないし、煉獄の魂を天国に引きあげることもできない。そもそも煉獄は存在しない。聖水の効力も迷信にほかならない。聖画像をはじめとする教会装飾は非聖書的である。ミサ用の聖体(ホスティア)がキリストのからだに変化するというカトリックの実体変化説も、もちろん認められない。聖餐は普通のパンを使った記念の行為(最後の晩餐を思いおこす儀式)でなければならない。彼らの立場はツヴィングリ主義とほぼ同じである。

ところでカトリックの幼児洗礼は悪魔祓いをともなっており、宗教改革が起こった時代の人々は、それを受けなければ幼児の魂は天国に入ることができないと信じていた。産婆による緊急洗礼や死産児の蘇生(奇跡)による洗礼といった現象は、そうした心性を背景としていた。再洗礼派はこうした状況を批判し、幼児は自覚的に罪を犯していない以上、悪魔の影響下にはなく、赤ん坊の洗礼は不必要であるどころか聖書の教えに反すると主張した。再洗礼派にはカルヴァン派以上にイコノクラスト(偶像破壊者)的な性格があり、その急進性に一種の「近代性」を見出す論者も少なくない。そこまで主張しなくても、カトリック世界の「民衆宗教」との隔絶を指摘する歴史家は多い。

しかしながら、この理解は正しいのであろうか。各地の再洗礼派共同体の構成員の大多数は知識人でもなければ聖職者でもない。彼らの大半は都市や農村の平民層である。彼らは民衆世界の宗教観や

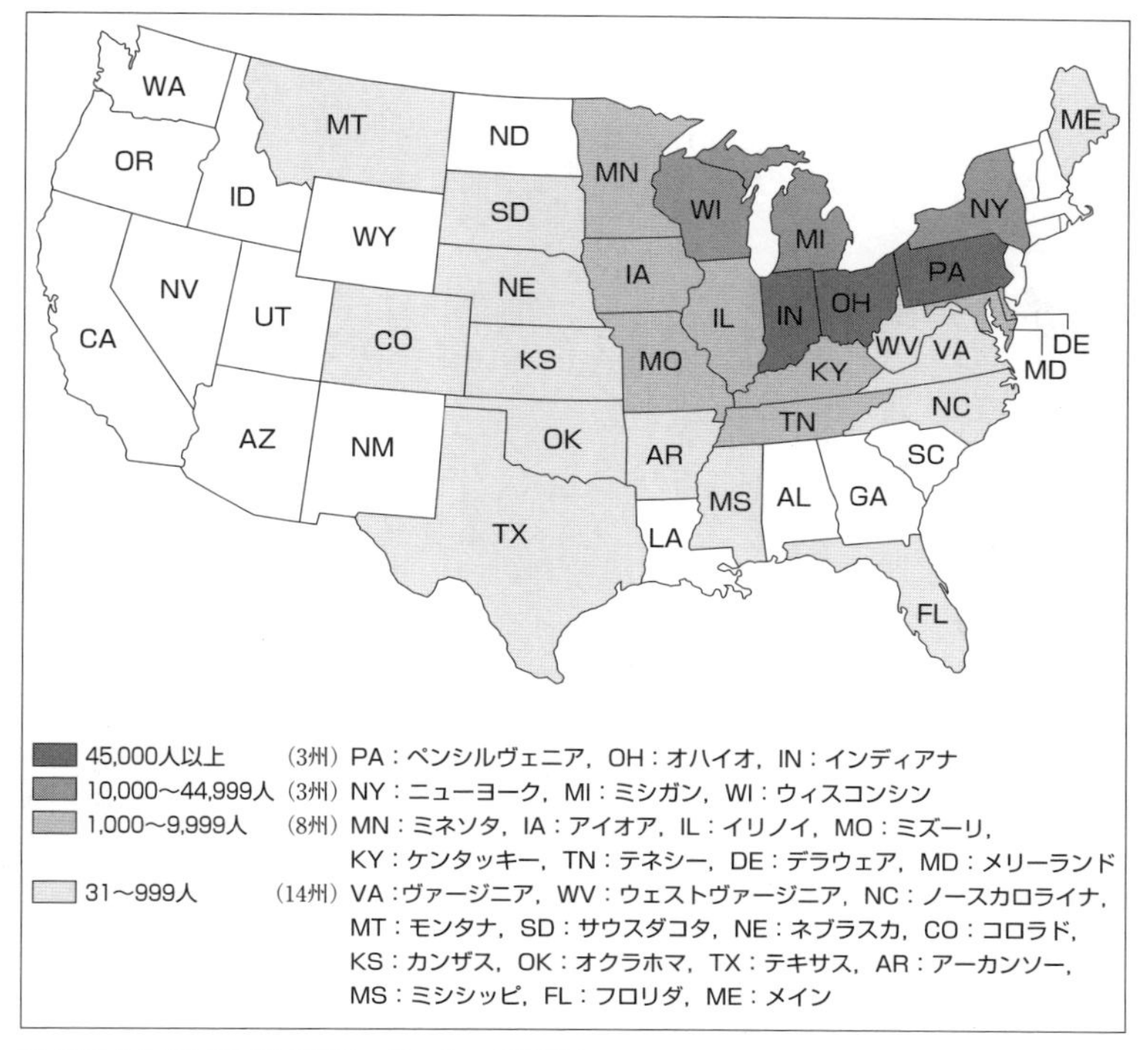

アメリカ合衆国におけるアーミッシュの分布

人間観、自然観を捨て去ることができたのであろうか。あるいは捨て去ることを本当に求められていたのであろうか。このことを正面から問う研究はほとんどない。しかし、私見によれば、この問題を考察しないままでは、ヨーロッパ近世において万単位の信徒を集め、数千人の殉教者を出した再洗礼派が生き残った背景はみえてこない。また再洗礼派の歴史像を正しく描き出すこともできない。彼らは現代人の多くによって忘れられたマイノリティであるが、その「生活」の実態は専門の研究者たちによっても等閑(とうかん)に付されてきた。以下、現代に残された各種の史料に垣間見えるその知られざる世界を再現してみたい。その手がかりは、北米のアーミッシュのあいだで見つかる。

アーミッシュのパウワウ

アメリカ各地の田園地帯で暮らしている三〇万人近くのアーミッシュ派は、前近代的な衣服をまとい、古いドイツ語を礼拝用語とし、馬車をおもな交通手段とすることで知られている。彼らは二〇〜四〇家族からなるディストリクト(礼拝共同体)ごとに住み、礼拝から日常生活のことまで定めた規則(オルドヌング)に従って暮らしている。宗教生活の指導にあたるのは、投票方式で選ばれた監督(ビショップ)である。彼らは広域的な集まりをもっており、グループの一体性を保っている。

例えば保守的なオールド・オーダー・アーミッシュ、進歩的なニュー・オーダー・アーミッシュやビーチー・アーミッシュ・メノナイトなどのグループがある。共通点は、成人洗礼(信仰洗礼)を受けたのちに正式な教会員になるか故郷を去るかたちで自覚的信徒集団を維持すること、非暴力主義に立って武力行使をともなう公務を忌避し、連邦や州の政策にも選択的にしか従わないこと、先祖伝来の信仰告白・歴史書・建徳書・讃美歌などを大切にし、礼拝の際には古いドイツ語を使うこと、などである。

アーミッシュが機械文明を否定しているというのは誤解である。彼らは電話も使うし農業機械も使う。しかしグループ間でかなりの違いがあり、進歩派のなかには業務用のパソコンの使用を許すグループもある。どのグループも、先祖伝来の宗教と共同体の生活秩序を脅かさないと判断できる範囲で、現代的技術を選択的・制限的に受容する姿勢をもっているのである。現世的な富への執着や虚栄心を起こさせないことも、その選択と制限の重要な理由である。彼らは教育も福祉も公衆衛生も必要以上に求めないから、そのことで連邦や州当局に訴えられる経験もしてきた。

医療についても同じである。彼らが「エングレンダー」ないし「イングリッシュ」と呼ぶ部外者の医療機関を利用することは禁じられていない。しかし現代医学は選択肢の一つにとどまり、信頼度はあまり高くない。なおアーミッシュは教団として輸血を認めていないと誤解されることがあるが、その選択は個々人(家族集団)の意思によるものであり、輸血を禁じる規則をもつグループはない。彼らはしばしば自家製の軟膏(なんこう)や湿布薬やハーブを使って病気を治そうとし、地元のカイロプラクター(施術者)を好む。保守派ほどその傾向が強い。発熱・風邪・頭痛・腹痛・腰痛・火傷・皮膚炎などの治療法は、『ボートシャフト』や『バジェット』といったアーミッシュの週刊新聞に掲載されてきた。オハイオ州ホームズ郡の一三〇人の進歩的なアーミッシュを対象とした調査(二〇〇四年)によれば、医療の際に病院を受診したことがある者は九九%と高率だが、カイロプラクターに診てもらった経験のある者も八七%いる。興味深いことにこの調査では、二%(三人)のアーミッシュがパウワウ(Powwowing)を経験したことがあると回答している。

パウワウとはアメリカ先住民の集会や舞踊、そして魔術的医療を意味する言葉であるが、アーミッシュの民間医療を指すのにも使われる。その魔術的要素がそうさせたのであろう。アーミッシュ自身の言葉では、それは「ブラウヘ」ないし「ブラウヘライ」という。これは「習わし」という意味のドイツ語であり、伝統的な民間医療を意味する。これを魔術とみなして批判するグループもあり、現在ではその治療師(ヒーラー)はいなくなったか、公然とは活動していない。しかし前世紀までは多くのアーミッシュ居住地におり、医療行為をおこなっていた。彼らは人間も動物も癒すことができ、特定の家系に属する人が秘伝を継承してきたともいわれる。現在では、『火傷と傷の治療』[一九九九年]などの本を出して家庭でおこなう代替医療を推奨し、ナチュラル・ヒーラーと呼ばれているペンシルヴェニア州のアーミッシュ農民ジョン・ケイムのような人物がおり、古い伝統を受け継いでいるようにみえるが、彼は伝統的なパウワウをおこなってはいないようである。

アーミッシュの古いパウワウにおいて重視されるのは、定まった呪文(チャーム)と動作である。呪

▲アーミッシュのファームハウス　大きな納屋とサイロが特徴的(ペンシルヴェニア州ランカスター郡，2012年撮影)。

▲アーミッシュの馬車　後部に，事故防止のための赤い反射板がとりつけられている(インディアナ州エルクハート郡のアーミッシュ・マーケット前，2012年撮影)。

文は心のなかで唱えることが多い。例えば「虫退治」の呪文はつぎのようなものである。「ちっぽけな虫よ。おまえは私の骨と髄を蝕んでいる。だがおまえが白い虫でも黒い虫でも赤い虫でも、一五分で死ぬだろう」。治療師は患者のまわりを三回まわってこの呪文を唱える。十九世紀の治療師ソロモン・ホステットラー（オハイオ州）は、呪文を唱えながら患部を指でこすることで癌から白癬、湿疹まで治療できたという。ホステットラーによれば、治療は著しく体力を奪うが、それは病気を吸いとるからだという。一九七〇年代の治療師エラム・ラップ（仮名）は、患部にふれると手に「電気」が走るのでわかると述べている。ラップがそうであるようにパウワウの治療師は料金をとらず、信仰によって治療とその結果を受け入れる患者だけを診る。謝礼については、患者が黙って寄付金をテーブルの上においていく場合は拒否しないという。治療師になるには異性の先達（老人）から秘密裏に呪文と治療法を受け継ぐ必要があるとされる。

アーミッシュ社会では一九六〇年代にパウワウをめぐる大きな論争が起き、ペンシルヴェニア州のチェスター郡では、コミュニティの分裂と反対派の移住にまで発展した。パウワウの治療においては霊ないし悪魔の憑依が示唆されることがあり、それ自体が「黒魔術」だという非難を受けることもあったから、激しい対立が起こったとしても当然である（史料上、魔術を示す際にはマジック、ウィッチクラフト、ソーセリーといった多様な用語が使われており、魔女裁判を免れたものは「呪術」とすべきかもしれないが、そもそも魔女裁判のない時代や場所もあるため、本章では便宜上、「魔術」で統一している）。

ところでパウワウはアーミッシュの専売特許ではなく、ペンシルヴェニア州のドイツ系住民のあいだに広くみられた民衆的文化現象である。十九世紀前半には口承や古い文献からパウワウの数々を集めて収録した書物も出版されていた。タイトルは『失われた旧友』〔一八二〇年〕、著者はヨハン・ゲオルグ・ホーマンというドイツ出身の治療師である。この本には英語版とドイツ語版があるが、症状に応じたハーブの利用法、軟膏のつくり方、呪文の唱え方まで実践例が列記してある。この本によれば、例えば熱性の痙攣（けいれん）を治すには、AbaxaCatabaxという語のうしろから一文字ずつ消したものを、一番下がAだけになるように上から並べて書いた白い紙をリネンかモスリンの布に縫いつけて患者の首に巻けばよい〔一九八頁上〕。

また、悪い霊やあらゆるウィッチクラフト（魔術）から身を守るには、白い紙に魔除けの記号を書いて身につけていればよい〔一九八頁下〕。

アーミッシュを含む古いドイツ系移民の社会では、悪魔の働きや魔術ないし魔術師の存在は自明であった。『失われた旧友』にはつぎのような呪文が載っている。

イエスよ。私（名前）を守りたまえ。日々の罪の誘惑から。現世的な攻撃、不正、侮辱、疫病、恐怖、拷問、艱難（かんなん）から。あらゆる悪意から。嘘といつわりから。そしていかなる武器も私のからだを傷つけることがありませんように。いかなる盗賊もジプシー〔ロマ〕も追いはぎも放火犯も、魔女も悪い霊もわが家とその敷地に忍び込むことがありませんように。

この呪文は祈禱の形式をとっている。

つぎのようなものもある。

主イエス・キリストが弟子たちにぶどう酒の杯と晩餐を聖木曜日に与えたように、私たちを日夜、守ってください。犬に嚙まれたり獣に引き裂かれたりしませんように。木の下敷きになりませんように。水害にあいませんように。どんな武器も私を傷つけませんように。鉄の刃で切られませんように。火で焼かれることがありませんように。誤審を受けませんように。嘘によって損害を

A b a x a C a t a b a x
A b a x a C a t a b a x
A b a x a C a t a b a
A b a x a C a t a b
A b a x a C a t a
A b a x a C a
A b a x a C a
A b a x a C
A b a x a
A b a x
A b a
A b
A

『失われた旧友』にみる熱性痙攣の治し方（6行目の末尾にはｔがあるべきだが，原著に脱落があるため，そのまま転載した）

I.
N. I. R.
I.
Sanctus Spiritus
I.
N. I. R.
I.

魔術から身を守る記号

受けませんように。悪漢に襲われませんように。どんな悪霊も魔術も魔法の害も受けませんように。アーメン。

これも祈禱であり、キリスト教的な神学を土台にしているようである。しかし同時に、これらの呪文ないし祈禱は災厄や魔術への日常的な恐れを前提としている。

泥棒を動けなくする呪文もある。

ペテロよ、ペテロ。神の力を貸してほしい。キリストを信じる私がこの手で縛るものは縛られる。どんな泥棒も、男でも女でも、大きくても小さくても、若くても老いていても、神の力によりこの呪文(スペル)に縛られ、前にも後ろにも歩けなくなる。私がこの目で合図し、この舌で去れと命じるまで。

こうした呪文の背景には、神の力が正しい人を守り、奇跡をもって悪をくじくという確信があった。アーミッシュは洗礼を受けて教会共同体の正式の構成員になるとき、「悪魔とそのあらゆる働きを退けます」と約束する。アーミッシュ家庭で広く読まれている建徳書の一つ『信仰生活の定め』[ドイツ語版、一八一五年。起源は十八世紀に遡る]には、「狡猾(こうかつ)に人を騙すサタンに気をつけよ」との警句が見出される。こうした伝統的観念が現実感を失っていない時代には、パウワウの呪文に実際の「効果」が期待されていたのであろう。

二〇一一年、オハイオ州ジェファソン郡バーグホルツのアーミッシュの監督サミュエル・マレットらが対立する人たちを仲間に襲撃させ、髭や髪を切るなどの侮辱的な暴行を働いたとして逮捕され、有罪となる衝撃的な事件が起きた。マレットはしばしば動物（黒猫・鳩・飼い犬）や人間（二人の息子たち）に悪魔が憑いていると決めつけ、それを追い払おうとすることがあったという。マレットは心を病んでおり、近隣の監督たちは彼をアーミッシュとは認めなかった。たしかに「襲撃」はアーミッシュのあいだではありえない。しかし「悪魔憑き」については、アーミッシュの古い心性が極端に増幅された結果とも推測される。

現在、製造業や小売業に従事するアーミッシュが増えているが、二十世紀半ばまで彼らは農耕と牧畜の民であり、農民的・農村的な伝統のなかで暮らしてきた（主たる収入源が農業であるアーミッシュ世帯は一九五〇年には全米平均で九割以上であったが、二〇〇六～一〇年の統計ではどの地域も五割以下である。例えばペンシルヴェニア州ランカスター郡では三六％、オハイオ州ホームズ郡では一七％にすぎない）。アーミッシュの家庭で十八世紀前半から使われてきた『キリスト者の務め』という祈りの書物（ドイツ語版）には、毎晩唱えるべき祈りとしてつぎのようなものがある。

主よ、助けてください。私たちがあなたの創造物を傷つけることがなく、私たちが永遠の救いに招かれますように。

彼らにとって自然環境は神の創造物であり、大地や動植物との「交感」はまさに自然なことであった。

犬よ。おまえの鼻を地面につけよ。私とおまえを創られたのは神さまだ。

これは狂犬を静かにさせるためのパウワウの呪文である。パウワウの力のある人がこれを三回唱えて十字を切ると、犬はおとなしくなるという。

アーミッシュの結婚式の多くは農閑期(十一月)の火曜日か木曜日におこなわれ、それは式の準備と後片づけが日曜礼拝の妨げにならないようにする慣習に由来すると説明されることがあるが、木曜日を選ぶことについては別の解釈を試みる研究者もいる。その解釈によれば、木曜日のウェディングはゲルマン社会の農耕神トール(ドナー)の日を選ぶ俗信と結びついているという。結局のところわれわれは、アーミッシュの古い故郷つまりヨーロッパに目を向けねばならない。

ルーツとしてのヨーロッパ農村社会

『信仰生活の定め』や『キリスト者の務め』といったアーミッシュ文献を引いたが、それらのルーツはヨーロッパにある。パウワウの習わしや呪文の多くも同じである。とくにスイス、アルザス地方、西南ドイツの農村地帯が重要である。それらの地域に住んだ再洗礼派の心性・信仰心・習俗こそが、北米移民後のアーミッシュ文化の底流をなすからである。ただしそれらは、特定の「教義」に染まっていない民衆文化ないし基層文化の範疇に関しては、アーミッシュだけでなく、分裂前のスイス再洗礼派(メノー派)や、同じ環境のなかで暮らす他の宗派の農村住民にも共有されていたものと考えねばならない。

ジュラ山中に残る再洗礼派定住地の牧草地(2012年撮影)

十八世紀のジュラ地方の記録には、ノイハウザー、ウメル、アウクスブルガー、グラーバーといった治療師の名前が出てくる。彼らは当局によって同じ信仰をもつ人々だけに治療行為をおこなうことを許されていた。こうした人たちは、たいてい獣医も兼ねていた。ムティエ・グランヴァルの村外れに住むある再洗礼派の治療師のもとには、その腕前と誠実な人格ゆえに、再洗礼派以外の人々も数多く訪れたという(彼は地元で採れるハーブを用いた治療をおこなっており、図鑑類も所持していた)。為政者と民衆の価値観は当然のことながら同じではなかった。アルザス地方のノルマンヴィラールという村に住むアーミッシュ系の再洗礼派農民ジャック・クロプフェンシュタインは、十九世紀前半にアルマナック(農事暦)を印刷して頒布したが、そこには農作業の手引きだけでなく、人間の捻挫の治療から牛の鼓腸症(こちょうしょう)への対処法まで、衛生や民間医療の内容も満載されていた。農村に生きる人々には医療の知識が不可欠であり、自らそれをおこなうことは伝統社会においては当然であった。

十九世紀のアルザス地方では、魔術的な治療がおこなわれているという報告が目立つようになる。一例をあげれば、一八五〇年のベルフォールの記録にはつぎのようなものがある。「再洗礼派は迷信的であり、ほとんど例外なく家族ごとに秘伝を保ち、非合法の医療活動をおこなう。とくに家畜の病気を治すのに長けている。彼らはハーブやパウダーを用い、呪文を唱える」。ここにはたしかに、北米のアーミッシュの世界と同じものがある。

治療のありさまを描写した記録もある。その一つによれば、「ある再洗礼派の治療師が十一時から十二時にかけて患者の家にやってきて、呪文の本を開いてカバラー(ユダヤ神秘主義)風の呪文を唱え、怪我をした患者の足にときどき手をおいた。それは十字を切るような動作であった」。歴史家のなかには、ヨーロッパの再洗礼派は十九世紀になって魔術をおこなうようになったと推測する者もいる。しかしそれは、取り締まる側の官憲が近代的精神と科学的知識を身につけた時代に、つまり彼らが魔術的世界を「異質」なものと認識するようになった時代に、その客観的な「記録」が増えた結果であろう。実際、再洗礼派の信仰と日常生活には、それ以前から魔術的要素が確認できる。

第一に確認しなければならないのは、農村社会に残る古い習俗の共有である。アメリカのアーミッシュの木曜日の結婚式の由来についてはすでに述べたが、古いゲルマン的習俗に従ってトール神に捧げられた日(木曜日)に結婚式をおこなう習俗は、二十世紀の西南ドイツにも残っていたという。「非キリスト教的」な古い民衆文化は、近世ヨーロッパにおいて、正統教義の浸透をそれぞれ推進する諸宗派（カトリックおよびプロテスタント諸派）の教会権力・世俗権力によって取り締まりの対象となった（いわゆる宗派化と呼ばれる現象である）。しかしその成果は乏しい場合も多く、民衆文化・民間信仰の世界は残りつづけた。

ところで、アーミッシュの家庭で読み継がれてきた『信仰生活の定め』という建徳書のルーツは、十八世紀ドイツのルター派世界の書物にあるといわれる。礼拝と祈り、勤勉・誠実・謙虚、愛と赦し（ゆる）を促し、悪魔の誘惑を避けるように繰り返し述べる本書の内容はきわめて再洗礼派的だが、それはルター派世界の敬虔派（けいけん）（ピエティスト）たちの教えでもある。生活上の知恵に関しても共有物は多かった。医療も同じである。家畜を治療する呪文は異教時代に遡る。十六世紀、ドイツのプロテスタント知識人は、例えばヴュルテンベルクのヨハネス・シュプレーターのように、カトリック教会の魔術（秘跡や奇跡）と民衆世界の魔術（民間医療や悪霊退治、占いや失せ物探しなど）を区別し、別々の対応を試みたが、難しいのは後者の取り締まりであった。カトリックの教えではなく聖書の言葉だけを使っておこなっているという反論もあった。

その時代の再洗礼派はどうかというと、その指導者たちのなかにはメノー・シモンズのように悪魔を抽象的にとらえ、魔女の実在を否定し、魔女狩りの狂気を批判した人物もいる。一方、一五六〇年代、天候不順と風水害に見舞われたヴュルテンベルクのヴィーゼンシュタイクで数多くの魔女が捕まって処刑され(最終的に六三人)、かつエスリンゲン近郊の森カッツェンビュールで集会中の再洗礼派(二八人)が逮捕された際、フッター派の伝道者パウル・グロックが獄中で書いた手紙には「神はルター派の偽りを厳しく罰し、エジプトの例とほとんど同じように、疫病と死と飢饉を、そして雹(ひょう)と嵐をもたらされた。魔術や火災もともなった」というくだりがある。当局は再洗礼派の集会を魔女のサバト(土曜の夜の集会)と関連づけ、再洗礼派狩りと魔女狩りを並行的におこなったが、それは両者を正統派の教会の冒瀆者にして悪魔に魂を売り渡した輩(やから)だとみなしたからである。

一方の再洗礼派も正統教会に悪魔の働きを見出し、天変地異を彼らに対する神罰と解釈した。興味深いのは、グロックの手紙には疫病や火災とともに魔術がルター派教会を罰するものとして記されていることである。それは悪魔の手先を倒す魔術にほかならない。メノーとは違ってグロックは民衆世界のただなかに身をおいていたといえるであろう。

一五五六年、オランダ出身の再洗礼派指導者ダヴィッド・ヨーリスが亡命先のバーゼルで死亡したのち、その遺体は郊外の城館に移され、信者たちによって「聖人」のように崇敬されたという。遺体に接して「聖霊」を受けるためにオランダから貴族の婦人がはるばるやってきたという噂も流れた。そのため市当局は一五五九年、この死者を裁判で有罪にし、異端者として火刑に処して遺体を崇めることができないようにした。

アメリカのアーミッシュが大切にしてきた『キリスト者の務め』に「ハスリバッハーの歌」という

長い讃美歌が収められている。この歌は『アウスブント』という彼らの讃美歌集にも載っている。この讃美歌集のオリジナルは一五三〇年代に南ドイツのパッサウの牢獄にいた再洗礼派が歌い、一五六四年に印刷されたものである。アーミッシュが使うのはアメリカでの改訂版であり、ハスリバッハーの歌を含むが、ドイツやスイスでは『アウスブント』とは別刷りの、六ページの小冊子『ハスリバッハーの歌』が出まわっていた。この長い讃美歌に名を残すハンス・ハスリバッハーはスイス人であり、ベルンのエメンタール出身の再洗礼派説教師である。

彼はたびたび逮捕されて拷問を受けるが、棄教を拒み、一五七一年、ベルンで斬首された。彼は獄中でつぎのような夢を見た。処刑のときに三つの天のしるしが見られるというのである。具体的には、第一にハスリバッハーの刎ねられた首が帽子のなかに転がり込んで笑うこと。第二に太陽が深紅に染まること。第三に井戸水が血に変わること、である。これらのしるしは、讃美歌の伝えるところによれば、ハスリバッハーの処刑の際に現実のものとなった。この歌はメノー派とアーミッシュが読み継いできた前述の歴史物語『殉教者の鏡――流血の劇場』にも、アメリカで出たドイツ語版［一七三八年］の段階から収録されている。『殉教者の鏡』には、ハスリバッハーの話以外にも、奇跡の物語が数多く収められている。

一例をあげておこう。一五三一年、シュヴァーベン出身の再洗礼派説教師マルティン・シルダーは、殉教の死を遂げる前、刑場の前に架けられた橋を見つめ、「敬虔な信徒たちを渡らせたこの橋はなくなってしまえ」という呪いの言葉を口にした。するとまもなく嵐と洪水が起こり、橋は流されてしまったという。こうした物語は、近世の再洗礼派が殉教者たちに特別な力を認めていたことを伝えている。なおスイスやアルザスの再洗礼派のなかには、アメリカに渡る前にエメンタールにあるハスリバッハーの生家を訪ね、その井戸水を飲む者がいたという。

スイスおよびアルザス地方から北米に渡ってきたアーミッシュがとくに愛読した書物に『彷徨(ほうこう)する魂』という建徳書がある。現在では読まれなくなっているが、十九世紀まで多くの版が出ている。初版は十七世紀のオランダで出版され、ドイツ語や英語に訳されたものである。内容は、「彷徨する魂」(ワンダリング・ソウル)と称する巡礼者がアダムやノア、シモン・クレオパスと出会って対話を重ね、真理を深く知るという内容であり、読者に同じ霊的体験を促すものである(シモン・クレオパスは二世紀初頭、トラヤヌス帝時代の殉教者で、『殉教者の鏡』にも収録されているように、キリストの時代から使徒たちとともに活動し、使徒ヤコブの死後、イェルサレム教会の指導者になった人とされる)。

この書物には聖書時代の数多くの奇跡の物語が綴られている。使徒たちがサマリアの魔術師シモンと対決し、病人を癒す場面も克明に描かれている。『彷徨する魂』の読者は、聖書の記事よりも詳しい古代教会史を知ることになる(原著ではエウセビオス、ヨセフス、アウグスティヌスなどの古代文献や宗教改革時代のエラスムスの著作などが利用されている)。本書は十七世紀のオランダ再洗礼派のミスティカルな傾向が反映されているともいわれる。アーミッシュは祈りと勤労を重んじ、かつ徹底して聖書的であることを求めるので、アダムやノアが自由に語り、しるしと奇跡を強調するこの書物を読まなくなったが、十九世紀までのアーミッシュの内面を知る材料として重要である。

なおこの書物には、ノアの洪水のあと、セム、ハム、ヤペテらの子孫が世界に広がり、ふたたび罪深い状態に陥ったこと、セムの子らはもといた土地にとどまり、ハムの子らははるか南に移り、ヤペテの子らは西漸して欧州のドイツの地にはトゥイスコンの、イベリア半島にはツバルの子孫たちが住んだこと、しかしキリスト者は大都市(シティー)をつくって安住するのではなく、巡礼者の自覚をもって粗末な小屋(コテージ)に住むべきことが記されている。迫害・彷徨・亡命を繰り返し、異国の民に助けられながら、北米の大地を耕し、粗末な小屋に住むアーミッシュの自己理解と一致する面がこの書物にあることは事実である。

隠れた協力関係、みえないネットワーク

再洗礼派は十九世紀になって魔術をおこなうようになったという解釈には無理がある。彼らの多くは、十六世紀の昔から、神の力の表れとしての奇跡や魔術を認めていたからである。その背景には殉教者たちへの特別な感情があった。また同時に彼らは、当局の目を逃れ、山間部の農村地帯に潜み、日々の畑仕事や畜産に取り組むなか、民衆文化ないし民間信仰の世界との結びつきを保っていた。スイスや西南ドイツの農村では、村人たちが再洗礼派を助け、隠れ家を提供したり、当局による一斉捜

索の情報を事前に伝えたりした史料が数多く見つかっている。そうした環境のなかで民衆文化と再洗礼派の結びつきは保たれたのである。彼らを取り囲む自然や動植物の世界は同じであった。ジュラ山中の村で地元のハーブを使って薬をつくる再洗礼派の治療師の小屋を、近隣の村人たちが訪ねたムティエ・グランヴァルの事例を思い起こしたい〔二〇二頁〕。

異端的少数者は一般社会とは隔離されて生きてきたとみなされがちであり、多数派の社会とは共通点のない特殊な信条や慣習をつくりだしていたと誤解されがちである。本章でとりあげた再洗礼派の事例は、マイノリティとマジョリティの世界ないし社会の関係を問い直す手がかりの一つになる。再洗礼派の生き残りの背景には、明らかにマイノリティとマジョリティの隠された協力関係がある。マジョリティの世界を支配する統治者と統治される民衆を一体とみなすと、この協力関係はみえてこない。マジョリティの世界には亀裂があり、そこにマイノリティの生きる場が生じるのである。

スイスやアルザス地方で迫害されているアーミッシュをアメリカに逃がしたのは、オランダのマジョリティ社会のなかで寛容の対象になっていた豊かなメノー派信徒たちであったが、オランダ改革派教会の指導者たちの一部もこれに協力していた。オランダの改革派は公認宗派であり、マジョリティに属する。しかしヨーロッパには彼らと同じ信仰をもつ人々がマイノリティとして迫害されている地域もあり、国境を越えた救助活動がおこなわれていた。

例えば改革派と姉妹関係にあるピエモンテのヴァルド派がサヴォア公の命令で一六五〇年代に虐

殺・追放された際には、彼らの亡命を支援する活動をオランダの改革派がおこなっている。その際、意外にもオランダのメノー派も多額の義捐金を集め、改革派教会に提供した。これはオランダ改革派の統治者と教会の対再洗礼派寛容政策への返礼であった。そして改革派もオランダ・メノー派の信徒たちの篤志に感謝し、そのメノー派が助けようとするスイス再洗礼派を援助しようとしたのであった。イギリスで迫害され、アメリカに渡ったクエーカーたちが、信仰の自由のある新天地への移民をドイツで募った事実も忘れてはならない。一六八三年、ドイツ(クレーフェルト)のメノー派一三家族を乗せてフィラデルフィアに運んだのはコンコード号という船だが、出港地はアムステルダム、寄港地はロンドン近郊のグレーヴゼンドの港であった。ロンドンではドイツから亡命してクエーカーになった元メノー派信徒も乗り込んできた。彼らは、通常の歴史研究ではみえないネットワークのなかにいたのである。

アーミッシュをはじめて集団で連れてきたのはチャーミング・ナンシー号の一七三七年の航海であるが、それもロッテルダムから始まり、イギリス経由であった。その途中には多くの人々の助けがあったはずである(チャーミング・ナンシー号は「アーミッシュのメイフラワー」と呼ばれ、このときにアメリカの土を踏んだのはプファルツ地方に住むスイス系の人々であった。もちろんそれ以前にもアーミッシュはメノー派に交じって渡米していた)。

渡米後に別の宗派に移ったアーミッシュやメノー派信徒もいた。とくに新再洗礼派ともダンカーとも呼ばれるジャーマン・バプティスト・ブレズレンが吸引力をもっていた。これは十八世紀初頭にノルトライン・ヴェストファーレンのシュヴァルツェナウでアレクサンダー・マックの指導下に形成され、信仰の自由を求めて北米に移ってきた団体である。彼らは当初から強力な信仰復興運動を展開していた。その分派であるセブンス・デイ・バプティスト、すなわちコンラート・ヴァイセルがペンシルヴェニア州エフラータに建設した独身制の修道院的団体にもアーミッシュやメノー派信徒の家系から出た人々が集まった。エフラータでは活版印刷とフラクトゥア(ドイツ語の装飾的なカリグラフィー)が奨励され、メノー派の協力を得て『殉教者の鏡』などの大型本(ドイツ語文献)を印刷、発行した。これを手にしたのはメノー派とアーミッシュである。なおエフラータの共同体(一八一三年に最後の構成員が死亡して終焉)では礼拝を土曜日におこなっていた。ユダヤ教と同じである。

北米のアーミッシュは、大西洋を渡る旅によって現在の生活を築いたが、その旅は決してすべてを捨てた旅ではなかった。それは宗派を超えたネットワークに支えられた旅であり、前近代ヨーロッパの民衆の心をしっかり携えた旅でもあった。ヨーロッパの民衆文化と習俗は、彼ら独特の宗教文化とともに、北米の地でも地下水脈のように保たれたのである。エフラータのセブンス・デイ・バプティストの共同体の土曜礼拝は、聖書時代にはキリスト教徒も日曜日ではなく土曜日に礼拝をおこなっていたことを重くみる思想にもとづいている。近世ヨーロッパのドイツ・東欧の安息日厳守派にみられるように、土曜日に礼拝をおこない、旧約聖書を重視してユダヤ教そのものに接近する再洗礼派グループもあったから、この現象は驚くにはあたらない。いずれにしても、宗教的境界を固定的にとらえすぎると、マイノリティの世界もマイノリティとマジョリティの関係もみえてこない。〈踊 共二〉

終章　非ヨーロッパ世界への接続

ここまで九章にわたってヨーロッパ大陸・地中海世界・北米を中心に、各種の宗教的マイノリティの足跡をたどってきた。それを踏まえ本章では、日本を含む非ヨーロッパ世界に目を向け、グローバルな視点からマイノリティ問題を考察したい。「メシア帝国」たるスペイン帝国の使命感、宗教改革後のカトリック教会の危機感と布教熱が、大航海時代後の世界を巻き込むなか、非ヨーロッパ世界ではいったい何が起こっていたのか。マイノリティ研究の射程は、必然的にそこまで拡延されねばならない。

スペイン帝国とアメリカ植民地、日本、フィリピン

十六世紀前半のスペイン帝国は、言語やエスニシティ、宗教を異にする多様な人々と地域から構成

される「モザイク国家」であった。一五八〇年のポルトガル併合は、これをいっそう強化した。多数の異教徒(先住民)を擁するアメリカ植民地やフィリピンに加え、ポルトガル領インドがその支配下に編入され、スペインやアメリカ植民地に定住する黒人奴隷も急増したからである。ポルトガルの布教保護権下にあり、スペイン帝国の外縁に位置する日本との関係も、緊密化する。神の恩寵による「メシア帝国」=スペイン帝国は、王権と教会を一体化したカトリックによる政治・宗教的統合に支えられており、スペイン帝国内の異教徒はカトリックへの改宗を強いられた。これらの異教徒教化のうえで効果的な手段となったのが、兄弟団(コフラディーア)や異端根絶巡察であり、日本のキリシタンも例外ではなかった。

奴隷と先住民の教化　十六〜十七世紀前半のアンダルシーア都市セビーリャは、スペイン最大の黒人奴隷居住都市で、一五六五年当時、都市人口八万に対し、黒人奴隷が圧倒的多数を占める奴隷人口は約六五〇〇(都市人口の約八%)を数えた。セビーリャにおける黒人奴隷の主たる労働形態は、家内労働と手工業の補助労働といった都市型労働であり、彼らはサン・ロケ教区、サン・イルデフォンソ教区、トリアナ地区といった、悪臭の漂う都市周辺の貧民地区に集住した。これらの黒人奴隷は強制改宗によりカトリックに転じたとはいえ、「野蛮な周縁民」「汚点をもつエスニシティ」として、「旧キリスト教徒」による差別と偏見の対象となったマイノリティである。黒人奴隷は言語や宗教、親族関係などを暴力的に奪われ、「母社会」から切り離された「強制移民」であり、「アトム化さ

▲17世紀後半のセビーリャ市

▲「天使たちの聖母兄弟団」礼拝堂のキリスト像

れた個」としてカトリック社会への同化と適応を強いられた「新キリスト教徒」にほかならなかった。カトリック社会に強制的に「移植」され、社会の底辺に放置された「新キリスト教徒」にとって、「擬制的家族」ないし「擬制的親族集団」としての兄弟団は、自己のアイデンティティを維持しつつ、マジョリティ社会を生き抜くうえで不可欠の社会的結合であった。

対抗宗教改革期の十六世紀後半、セビーリャで多くの兄弟団が組織されるが、そうした兄弟団の一つに、聖母マリアを介した黒人教化と兄弟愛的結合をめざす「天使たちの聖母兄弟団」があった。サン・ロケ教区に本部をおく同兄弟団の会員は、聖職者と書記を除きすべて黒人であり、比較的低額の入会金と年会費を支払うことができれば、奴隷か解放奴隷(自由人)かを問わず、また性別や年齢に関係なく、いかなる黒人であっても加入できた。しかし女性会員は総会に参加できず、復活祭の宗教行列への参加を制限され、役職に就くことも許されなかった。

「天使たちの聖母兄弟団」は三・五・九月に年三回の総会を開催し、五月の総会で男性会員の選挙により一年任期の役職者を選出した。役職者とは二人の兄弟団代表と一人の会計係を指したが、前者は名誉ある敬虔な男性会員のなかから選出された兄弟団の権威であり、下級裁判権を行使して、兄弟団の平和維持にあたった。会計係は兄弟団財産の管理・運営に携わる役職者で、欠損が生じた場合、弁済義務が生じたことから、比較的経済力のある黒人男性のなかから選出された。このほかに兄弟団の礼拝堂で宗教儀礼を司る司祭、議事録の作成・管理にあたる書記がいたが、この二人はスペイン人

（白人）に限定された。スペイン人聖職者と書記の存在は、教会による兄弟団統制の一環でもあった。

会員は病気や貧窮時の相互扶助義務を負い、結婚や葬儀といったライフサイクルの節目にも深く関与した。病気の会員や貧窮した会員は、兄弟団の運営する施療院に収容され、慈善活動の対象とされた。会員や直系親族が死去した場合は、全会員が葬儀と死者ミサへの参列義務を負い、正当な理由なく欠席した場合は、重大な違反行為とみなされた。近世スペインの他の兄弟団同様、黒人兄弟団も死者の執り成しによる生者（現会員）への「神の恩寵」を期待しており、埋葬兄弟団（生者と死者の兄弟団）としての性格を帯びていたからである。そればかりではない。会員はミサへの参列や聖体拝領を義務づけられており、泥酔・瀆神（神を冒瀆する言動）・窃盗行為などの悪弊を禁じられた。二度勧告されても悪弊を断ち切ることができない会員は、兄弟団を除名されたのである。対抗宗教改革時代を特徴づける民衆（黒人）教化とスペイン帝国維持のための社会的規律化の一端を、ここにみることができる。

類似の現象は、アメリカ植民地でも確認できる。十六〜十七世紀前半のペルー副王領では、多くのインディオが強制改宗後も偶像崇拝や呪術、伝統的祖先崇拝などの異教的習俗を継続していた。改宗後もインディオの多くは、現世利益や共同体の安寧のため、各地の創造神や地域神を敬い、神々が住むとされる霊峰や巨石、巨木、河川に加え、太陽や月、星辰、雷などへの崇拝を維持したのである。こうした状況に危機感を強めたペルー副王トレードは十六世紀後半、インディオを強制的に人工的空間に集住させ教化を進めたが、必ずしも十分な成果をあげることはできなかった。そのため十七世紀第1四半期、インディオの偶像崇拝がふたたび問題となり、司祭・検事・書記官・警吏・通訳などから構成される巡察団が組織されて、リマ大司教管区のインディオ村落を視察した。インディオ村落に入った偶像崇拝根絶巡察団は、異教の「聖地」を破壊し、その指導者を拘束して拷問にかけ、「矯正館」で再教育することができた。偶像崇拝根絶巡察団は、インディオを対象とした「異端審問所」にほかならなかった。

キリシタンの信仰世界《日本のキリシタン》　十六世紀後半、九州を中心に日本人キリスト教徒(キリシタン)が急増し、十六世紀末に三〇万、十七世紀初頭には六〇万に達した。当時の日本の推定人口は一〇〇〇万とされるので、総人口の三～六%を占める計算になる。全国統一政権をめざす豊臣秀吉、徳川幕府は、外部権力と緊密な関係を有するキリシタンの急増を危惧し、十六世紀末～十七世紀初頭にかけて一連のバテレン追放令、禁教令を発した。追放令と禁教令により多数の日本人キリシタンと宣教師が追放ないし処刑され、あるいは棄教を強いられた。一六三七年に島原の乱が勃発すると、キリシタン迫害はいっそう激しさを増し、キリシタン根絶を目的とした宗門改が制度化された。十七世紀半ば以降、キリシタン共同体の多くは壊滅し、九州の外海(そとめ)や五島(ごとう)などに残存した一部のキリシタンは、「かくれキリシタン」としての生活を余儀なくされたのである。

川村信三の研究によれば、十六世紀末～十七世紀初頭における日本人キリシタンの急増は、浄土真宗(じょうどしんしゅう)や法華宗(ほっけしゅう)の教勢拡大とパラレルな現象であり、「惣村(そうそん)」の成立や民衆的基盤をもつ信徒共同体の台

イエズス会士の殉教

頭と不可分であった。注目すべきは、在地農民の共同出資によって建設・維持され、仏像が安置された浄土真宗の「道場」である。「道場」では、それまで軽視されてきた在地農民の葬儀が執りおこなわれ、来世での民衆の救済が重視された。浄土真宗門徒が拡大した地域とキリシタン地域は重複しており、前者から後者への「宗教移動」が生じた可能性が大きい。民衆の救済を中心に据えた新たな信仰が模索されていた当時、カトリックはそうした信仰の一つとして、多くの民衆に受容されたのである。

日本のキリシタン拡大のうえで重要な役割をはたしたのは、職業・階層・性別横断的な社会的結合たる兄弟団であり、十六世紀後半に平戸や豊後(ぶんご)府内、長崎に設立されたイエズス会系の「慈悲の組」は、代表的兄弟団の一つである。平戸の「慈悲の組」では、会員のなかから選出された七人の「慈悲役」が、司祭の指導下に貧民や病人への慈善活動を実践したばかりか、兄弟団内部の平和維持、逝去した会員の埋葬に主導的役割を担った。豊後府内の「慈悲の組」は、リスボンの「ミゼリコルディア兄弟団」の規約にもとづいて設立された兄弟団で、ヨーロッパ式の二つの施療院を有し、病人介護と死者の埋葬、子どもたちへの宗教教育に力を注いだ。施療院は会員の寄付金によって運営され、日本にはじめて西洋医学を導入したリスボン出身のコンベルソの医者で、のちにイエズス会士となったルイス・デ・アルメイダが、病人の治療にあたる一方、日本人キリシタンは郊外で貧しい病人への治療や投薬に従事した。

毎週日曜日には兄弟団の全成員が、一人の会員の家に集まり、司祭による説教の内容を再確認し、教義への理解を深めた。長崎の「慈悲の組」も、会員の寄付金によって運営される施療院をもち、そこで二人の会員が病人の介護に従事した。一五八〇年代以降、宣教師が日本を離れ始めると「慈悲役」などの兄弟団の役職者が、宣教師に代わってキリシタン共同体の中心的機能を担った。こうした兄弟団に支えられて、「かくれキリシタン」は迫害の時代を生き抜くことができたのである。

キリシタンの信仰世界《フィリピンのキリシタン》　フィリピンとメキシコを結ぶガレオン船貿易の拠点都市マニラは、フィリピンの政治・経済・軍事・宗教的中心地として、十六世紀末に約三万四〇〇〇の人口を有する都市へと成長していた。ガレオン船貿易は日本の南蛮貿易とも接合しており、多数の日本人がマニラに定住する契機となった。マニラの日本人町は、城壁で囲まれた都市中心部（イントラムーロス）からやや離れた場所に立地し、南東部のパコ地区には主としてフランシスコ会系の日本人が、また東部のサン・ミゲール地区にはイエズス会系の日本人が定住した。一六一九年当時の日本人町の人口は二〇〇〇ほどであったが、これらのなかには禁教令や追放令によって日本を追われた、多数の日本人キリシタンが含まれていた。マニラ在住日本人の職業構成は多様で、商人・手工業者・奉公人、関ヶ原の戦いで敗れた西軍の武士、聖職者などさまざまであった。スペイン帝国の他の都市同様、マニラの日本人町にも自治権が付与され、有力な日本人キリシタンのなかから選出されたカピタン（日本人町代表）がこれを担った。カピタンは初級裁判権をもち、日本人町の商業活動や治安の維持にあたる一方、控訴・上告事件については、最終的にマニラ総督の裁可を仰いだ。

一部の日本人キリシタンの信仰が疑問視されたことから、日本人聖職者とスペイン人聖職者による教化活動がさかんにおこなわれ、日本人聖職者を養成するための神学校も設立された。スペイン人聖職者は神学校で学んだ日本人聖職者を通訳として、マニラの日本人キリシタンにより濃密な教化活動を実践することができた。こうした教化活動の手段として重視されたのが、日本でも設立されていた兄弟団であった。マニラの日本人町の兄弟団も、会員の相互扶助と霊的救済、病人や貧民の救済といった慈善活動に関与し、一部の有力兄弟団は施療院も運営した。わけても葬送儀礼は重要で、例えば、一六一五年にマニラで追放キリシタンの高山右近（うこん）が没したときには、彼が所属していた兄弟団「慈悲の組」の全会員が葬儀に参列したのであった。

18世紀半ばのマニラ

特定の守護聖人をもち、その祭日に総会を開催した兄弟団は、聖歌や宗教劇の上演にも積極的に取り組み、民衆教化に不可欠の社会的結合であった。トレント公会議後の十六世紀後半～十七世紀のスペイン帝国では、帝国の維持ないし再建、それと連動した対抗宗教改革の一環として、民衆教化と社会的規律化が重視された。そうしたなかで王権や教会の保護下に、スペイン帝国各地に多数の兄弟団が樹立されたが、十七世紀初頭のマニラの日本人町も例外ではなかった。

スペイン帝国のマイノリティは、兄弟団を介して、スペイン社会の一部に組み込まれたばかりではない。「メシア帝国」が帝国各地の在地住民の改宗・教化を天命としていたことから、そのための効果的手段として多くの兄弟団が結成された。スペイン帝国の寡頭支配層も、神の恩寵を期待し、また自らの権力を正統化すべく、兄弟団を組織した。スペイン帝国の底辺に位置するマイノリティと在地住民、その頂点に君臨する寡頭支配層は、兄弟団会員として、皮肉にも「対等」となったのである。

兄弟団はすべての人々の「生老病死」に寄り添う「擬制的家族」であり、病気と貧困、死がなかば一体であった前近代社会にあって、会員の相互扶助と慈善活動を担う兄弟団は、スペイン帝国の「基本細胞」と化した。宗教儀礼を通じて、会員(物故した会員を含む)の現世利益と霊的救済をはかる兄弟団は、現世と来世をつなぐ社会的結合としても機能した。これらの点において、キリスト教徒、ムスリム、ユダヤ人の兄弟団に、根本的差異があるとは思われない。〈関　哲行〉

来世の救いと現世利益――カトリック宣教師と近世の日本人

すでにいくつかの章で述べたように、近世ヨーロッパにおける「宗派化」政策はおおかた失敗であったと考える歴史家たちがいる。彼らにとって、その根拠の一つは、民衆の呪術的かつ現世利益的な信仰および願望が消えずに残ったことにある。宗派化失敗論者たちは、新しい信仰告白(信条)や教理問答書に記されたドグマつまり純理的なキリスト教には信徒の内面をとらえる力はなく、信徒たちは外面的に服従しただけであると説く。しかし問題は、近世ヨーロッパの諸宗派(とりわけカトリック)の聖職者たちが呪術や現世利益とどう向き合っていたか、である。

欧米の研究者たちには、知識層がつくりだした教義や教会制度に「合理」と「秩序」を見出し、民衆世界に「非合理」「迷信」「多神教的無秩序」をみる傾向が強い。この点ではヨーロッパの民衆も海外布教地の民衆も、同じ扱いを受けてきたといえる。日本の「かくれキリシタン」の信仰は、「本来的」なキリスト教が「土俗」に「退化」したものとみなす研究者たちがいるが、彼らの視点は明らかに西欧の学術の影響を受けている。

宗教学者の堀一郎は一九五一年の著作において、キリスト教は「極度に文明化し俗信迷信の端々までをすべて克服した社会」の「強力な一神教的規制力」をもつ宗教だと述べ、「かくれキリシタン」の信仰はキリスト教が自然的・慣習的・伝承的な宗教に「転落」したものと論じている。要するに、キリスト教は「文明」に、「かくれキリシタン」は「未開」に属するのである。古野清人も一九五〇年代末にほぼ同じ議論を展開している。現在、古野に近い土俗化説(シンクレティズム論)を説くのは宮崎賢太郎である。宮崎によれば、本来のキリスト教は「来世における魂の救いを中心とする絶対的一神教」だが〔『カクレキリシタンの実像』二〇一四年〕、キリシタン民衆の宗教は(隠れる前もあとも)キリスト教の衣をまとった呪術的・現世利益的な信仰である。そもそも日本の諸宗教は現世利益を強く求めるものであり、家内安全・無病息災・豊作・大漁満足・除災招福がその本質である、という。

「主の祈り」から考える

しかしながら、すでに何度も述べてきたように、キリスト教自体、決して来世における魂の救いだけを教える宗教ではない。「主の祈り」の第四は「我らの日用の糧を今日も与えたまえ」〔「マタイ伝」六章〕である。カトリック宣教師たちは、この祈りを布教地の信徒たちにも教えた。日本のキリシタンも、この祈りを潜伏時代にも大事に受け継いでいた。生月島（いきつきしま）では「我等が日々の御やしないは、今日我等にあたい給いて」と伝承されている。キリストが教えた「主の祈り」に従って「日用の糧」を求めて祈ることは（非キリスト教的な）「現世利益」なのだろうか。十六世紀後半の教理書をもとにした『どちりなきりしたん』〔慶長版、一六〇〇年〕にはつぎのように書いてある。

（弟）だい四かでうには、なに事をこひ奉るぞ。

（師）われらがにちにちの御やしなひをこんにち我等に與へたまえと、此こころはアニマのために、にちにちの御やしなひをあたへたまへとこひ奉るなり、これすなはちたつときヱウカリスチアのサカラメントと、ガラサと、ぜんと、スピリツサントの御あたへとうの事なり。又しきしん〔色身〕のそくさい〔息災〕と、いのちをつぐべきためにもいるほどの事を與へたまえとこひ奉る儀なり。

なお天正版の『どちりな』〔一五九一年〕の冒頭には「天地をあらせ給ふ御作者デウスはご一体にてましますなり。これ即ち現世後世ともに、計らひ給う御主なり」とある。宣教師たちは、まさにこの神学的確信をもって信徒たちと接し、「無病息災」「豊作」「大漁」を願う民衆にあたう限り応えようとしていた。

宣教師たちは、聖水による病気の治療、鞭打ち苦行による病苦の克服、豊作・大漁・安産の祈願、雨乞い、悪魔祓いなどをおこない、戦士には十字架やメダイを「弾よけ」として渡していた。一六二〇年代、天草の漁師たちはパードレに勧められ、ザビエルを描いた画像の前で「主の祈り」と「アヴェ・マリア」を五回ずつ唱えた。すると驚くほどの大漁だったという。こうした記事は『十六・十七世紀イエズス会日本報告集』(全一五巻)の随所に見つかる。

奇跡信仰　こうした(まさに)呪術的なキリスト教のあり方は、近世ヨーロッパのキリスト教を反射鏡で映した姿にほかならない。ヨーロッパ各地で展開した宗派化政策はたしかに民衆的・異教的魔術の根絶を目的の一つにしていたが、キリスト教がそもそももっている呪術性(つまり奇跡信仰)は保たれ、危機の時代にいっそう先鋭化していた。聖職者たちの行動の原点は、すでに別の章で論じたように、聖書に出てくる(キリストとその弟子たちによる)おびただしい奇跡の物語である。天草の漁師たちに大漁の祈願を勧めた宣教師の脳裏にあったのは、聖書の時代、ペテロが体験したガリラヤ湖の大漁の奇跡であろう。なお出津の「かくれキリシタン」には死産児・流産児にも洗礼を施す習慣があったと伝えられるが、西洋キリスト教世界に関する知識が欠けていると、これは「かくれキリシタン」によるキリスト教信仰の土俗化・呪術化と映るかもしれない。しかしこの慣習は、序章および第9章で述べたように、ヨーロッパのカトリック世界にも存在するものなのである。死産児・流産児の洗礼は、ヨーロッパ的なカトリシズムが移植され、長らく維持されたものにほかならない。

生月の「かくれキリシタン」のあいだには「屋祓い」「野祓い」という正月の儀式がある。屋祓い（家祓い）は、御爺役などの指導者たちが信徒の家をまわり、井戸や玄関、家のなかに聖水を撒い（ま）て祓い、「オラショ」（祈禱文）を唱え、家族の人数分のオマブリ（紙の十字架のお守り）を渡すものである。一方、野祓いは、野外の危険な場所（人や牛が魔物に出会いやすい場所、つまり三叉路や川を渡る場所、大木や大石がある場所）をまわり、聖水を打ち、オテンペンシャという道具で祓い、オマブリなどを納めるものである。これを「野立ち」と呼ぶ地域もある。祓いには塩も用いる。これらの慣習の起源は謎に包まれている。宮崎賢太郎は屋祓いを節分の行事に相当するものと解釈している。この行事はキリスト教とは無縁の日本的風習なのであろうか。そうではない。そのルーツは明らかにヨーロッパのカトリック世界にある。第2章で詳しく述べた家畜の祝福や家の祝福のことを思い起こしたい。

中園成生は「かくれキリシタン信仰の基礎となるキリシタン信仰は中世末期ヨーロッパの土俗的・呪術的要素を保持していた当時のカトリック信仰を、同じく中世末期の土俗的・呪術的傾向をもった日本人が受容して成立したものである」と論じている〔「検証を要するかくれキリシタン資料の問題点」二〇一三年〕。この指摘は正鵠（せいこく）を射ている。

罪人を救う神　日本の「かくれキリシタン」は、神の子キリストの受難や贖罪（しょくざい）つまり身代わりの苦しみという宗教思想を理解できなかったと考える研究者がいる。しかしザビエルの書簡には「多くの人々はキリストのご生涯を聞くのを喜び、ご受難の件に至ると涙を流しました」と書いてある。生月の「かくれキリシタン」のオラショには、つぎのようなくだりがある。

(敬いて)うやまって申す。いかに御なるぜずきりすた、御身はいっさい人間を助け給う御為に生まれ給う……いつわりのむほんにんにうったえられ……つばきを顔にはきかけられ、いばらのかもり御かつぎ……くろすにおしつけおし立てられ……悪人なる我等も、いにひり堂(地獄)のくげんをのがし給いや、御身と共にくろすに掛かりたる、盗人は導き給うが如く、又悪人なる我等も導き給いや、すべりとさんとと共にでーうすにてましませば、いつまでも天に身を納め給いや。

オラショは「呪文」化し、意味不明のまま継承されたといわれることが多い。しかし「いっさい人間を助け給う御為に生まれ」、訴えられて「つばきを顔にはきかけられ、いばらのかもり御かつぎ」という祈りないし「語り」の内容は明快である。そしてまた、「悪人なる我等」を導いて「いつまでも天に身を納め給いや」という祈りは、「現世利益」を超えた「あの世」への憧憬をあらわしている。

近世日本の民衆はたしかに現世利益を求め、宣教師たちもそれに応えていたが、それと同時に彼らの説く「霊魂不滅」「アリマ(霊魂)の助かり」への日本人の反応にも注目したい。近世の民衆は現世利益だけ求める唯物的な人々ではない。彼らの多くは「極楽浄土」と「往生」を夢みていたのであり、キリスト教はその願いにも、仏教とは別のかたちで応えたのである。

〈踊 共二〉

結びにかえて

アミニズムを含む異教あるいは異端の聖地との連続性をもち、聖地巡礼と『旧約聖書』という紐帯によって接合されたキリスト教・ユダヤ教・イスラームという「三つの一神教」。聖人(義人・聖者)崇敬に端的に示されるように、「一神教」でありながら「多神教的要素」を包摂し、聖人や聖遺物に由来する現世利益を、教勢拡大の不可欠の要素とする「三つの一神教」。これらが対立しながら共存し、シンクレティズムや「宗教(宗派)間移動」を繰り返した事例は、ヨーロッパ各地で検証される。「三つの一神教」の狭間に生き、マジョリティ社会への同化を強いられた、中近世ヨーロッパの宗教的マイノリティに注目する研究は、ヨーロッパ(・キリスト教)中心史観を相対化し、非ヨーロッパ世界を含むグローバルな視点から、「三つの一神教」を再検討するうえで重要な意味を有する。改宗と再改宗を繰り返しながら、ヨーロッパ世界内外に生きる場を求めた宗教的マイノリティも、こうした歴史的文脈のなかに位置づけられなければならない。

同様のことは宗教改革後のプロテスタント世界にも妥当する。プロテスタント世界でも、再洗礼主義諸派などの宗教的マイノリティが、マジョリティ社会からの差別と迫害にさらされ、一部は非ヨーロッパ世界に移り住んだのであった。

本書で扱った宗教的マイノリティの多くが、「絶対王政」の時代を生きたという点にも注目すべきである。われわれが提示する事例は、近世ヨーロッパ諸国の支配体制が、どの程度の支配力をもち、民衆に支配的宗教を強制できたかを、あらためて問い直すことにつながる。宗教的マイノリティは、マジョリティの教義や儀礼を形式上受け入れつつ、背後で自己の本来の信仰を守るか、あるいは固有の礼拝の実施を黙許されて、遠く離れた非ヨーロッパ世界を含めてグローバルに宗教活動を展開した。彼らは兄弟団などの社会的結合に支えられ、現世利益と霊的救済を同時に追求しつつ、また外来宗教や多神教的要素を受容・包摂して、激動の近世ヨーロッパを生き抜いたのである。

こうしたマイノリティを可視化し、グローバルな歴史のなかに組み込むことなしに、異文化や異宗教(宗派)間の相互理解や多文化共生といった現代的課題は、基本的に解決できないであろう。この点において示唆的なのは、二〇一五年十一月にパリで発生した同時多発テロ事件である。前近代ヨーロッパの宗教的マイノリティを主要な研究テーマとするわれわれは、この事件を報ずるメディアの言説にデジャブ(既視)感を覚えた。四〇〇～四五〇年ほど前のモリスコ追放や第二次アルプハーラス反乱でも、反乱に参加した急進派モリスコを「ムスリムの同盟者」「聖戦の戦士」とする両極端の言説が飛び交ったからである。このことは宗教的マイノリティとの共存・共生がヨーロッパの歴史的課題でありつづけていること、その解決が依然として困難であることを示している。国際政治学や現代イスラーム研究などによる現状分析とともに、本書で論じた宗教的マイノリティ研究の知見（歴史的視点）も加味しながら、この問題を長期的視点から捉えなおし、総合的に考察する必要がある。

なお、本書の刊行に際しては、武蔵大学から出版助成を受けることができた。ここに記して謝意を表したい。

今後のヨーロッパ史研究、とりわけ宗教史研究が、いっそうグローバルな視点で推進されることを願いながら筆を擱（お）きたい。

二〇一六年四月

関　哲行

踊　共二

参考文献

序章

カレン・アームストロング（高尾利数訳）『神の歴史――ユダヤ・キリスト・イスラーム教全史』柏書房　1995

オドン・ヴァレ（佐藤正英監修，遠藤ゆかり訳）『一神教の誕生――ユダヤ教・キリスト教・イスラム教』創元社　2000

宇都宮輝夫『宗教の見方――人はなぜ信じるのか』勁草書房　2012

パトリック・ギアリ（杉崎泰一郎訳）『死者と生きる中世――ヨーロッパ封建社会における死生観の変遷』白水社　1999

ピエトロ・ザンデル（豊田浩志他訳）『バチカン――サン・ピエトロ大聖堂下のネクロポリス』上智大学出版　2011

関佳奈子「19世紀末～20世紀初頭の境域都市メリーリャにおける異教徒の「共存」」『スペイン史研究』第29号　2015

ルドー・ミリス編著（武内信一訳）『異教的中世』新評論　2002

本村凌二『多神教と一神教――古代地中海世界の宗教ドラマ』岩波新書　2005

第Ⅰ部

第1章

杉谷綾子『神の御業の物語――スペイン中世の人・聖者・奇跡』現代書館　2002

関哲行「中世のサンティアゴ巡礼と民衆信仰」『巡礼と民衆信仰』青木書店　1999

関哲行「巡礼と観光――「余暇社会学」序説」甚野尚志・堀越宏一編『中世ヨーロッパを生きる』東京大学出版会　2004

関哲行『スペイン巡礼史――「地の果ての聖地」を辿る』講談社現代新書　2006

関哲行「追放期（15～16世紀）ユダヤ人の聖地巡礼」科研報告書『環地中

海世界の聖地巡礼と民衆信仰』2007
関哲行「中近世スペインのサンティアゴ巡礼——幾つかの事例研究」「四国遍路と世界の巡礼」公開シンポジウム実行委員会編『四国遍路と世界の巡礼——国際シンポジウムプロシーディングズ，2009年度』2010
アルフォンス・デュプロン（田辺保監訳）『サンティヤゴ巡礼の世界』原書房　1992
ピエール・バレ他（五十嵐ミドリ訳）『巡礼の道星の道——コンポステラへ旅する人びと』平凡社　1986
Atienza, J. G., *Los peregrinos del camino de Santiago. Historia, leyenda y símbolo*, Madrid, 1993.
Le Beau, B. F., *Pilgrims and Travelers to the Holy Land*, Omaha, 1999.
Caucci von Saucken, P., *Saint Jacques de Compostelle. Mille ans de pélerinage en Europe*, Paris, 1993.
Caucci von Saucken, P., *Roma, Santiago, Jerusalén*, Barcelona, 1999.
Caucci von Saucken, P. (ed.), *Santiago. La Europa del peregrinaje*, Barcelona, 2003.
Franco, H., *As utopias medievais*, Sãn Paolo, 1992.
Meri, J. W., *The Cult of Saints among Muslims and Jews in Medieval Syria*, Oxford, 2002.
Magdalena Nom de Déu, J. R., *Relatos de viajes y epístolas de peregrinos judíos a Jerusalén*, Barcelona, 1987.
Xunta de Galicia, *Tata Santiago. El Apóstolo Rayo*, Santiago de Compostela, 2001.

第2章

トマス・アクィナス（稲垣良典訳）『神学大全 18』創文社　1985
トマス・アクィナス（大鹿一正・渋谷克美訳）『神学大全 22』創文社　1991
池上俊一『動物裁判——西欧中世・正義のコスモス』講談社現代新書　1990

伊藤進『森と悪魔――中世・ルネサンスの闇の系譜学』岩波書店　2002
伊藤正義訳『ゲスタ・ロマノールム』篠崎書林　1988
ヤコブス・デ・ウォラギネ（前田敬作他訳）『黄金伝説』（１～４）平凡社　2006
踊共二「スイス山岳農民の宗教世界――レンヴァルト・ツィザートの民俗誌から」『武蔵大学総合研究所紀要』17号，2007
踊共二『図説スイスの歴史』河出書房新社　2011
グリム兄弟（桜沢正勝・鍛治哲郎訳）『ドイツ伝説集』（上・下）人文書院　1987，1990
ジャン・ドリュモー（佐野泰雄他訳）『罪と恐れ――西欧における罪責意識の歴史　13世紀から18世紀』新評論　2004
渡邊昌美『中世の奇蹟と幻想』岩波新書　1989
Das Handwörterbuch des deutschen Aberglaubens, 10 Bde., hg. v. Eduard Hoffmann-Krayer und Hans Bächtold-Stäubli, Berlin, 1927-1942.
Müller, Josef, *Sagen aus Uri*, 3 Bde., hg. v Hans Bächtold-Stäubli und Robert Wildhabe, Basel, 1926, 1929, 1945.
Scheuchzer, Johann Jacob, *Helvetiae Stoicheiographia, Orographia et Oreographia. Oder Beschreibung der Elementen, Grenzen und Bergen des Schweizerlandes. Der Naturhistorie des Schweizerlandes*, 1. Theil, Zürich, 1716.
van Gennep, Arnold, *Culte populaire des saints en Savoie*, Paris, 1927.
Weiss, Richard, *Volkskunde der Schweiz*, 3. Aufl., Zürich, 1984.

第３章

K・G・アッポルド（徳善義和訳）『宗教改革小史』教文館　2012
踊共二・山本文彦「近世の神聖ローマ帝国と領邦国家」木村靖二・千葉敏之・西山暁義編『ドイツ史研究入門』山川出版社　2014
エリー・ケドゥリー編（関哲行他訳）『スペインのユダヤ人――1492年の追放とその後』平凡社　1995
小岸昭『離散するユダヤ人――イスラエルへの旅から』岩波新書　1997

甚野尚志・踊共二「中近世ヨーロッパ世界の宗教と政治――問題の所在」『中近世ヨーロッパの宗教と政治――キリスト教世界の統一性と多元性』ミネルヴァ書房　2014
関哲行『スペインのユダヤ人』（世界史リブレット 59）山川出版社　2003
関哲行・立石博高・中塚次郎編『世界歴史大系　スペイン史 1――古代～近世』山川出版社　2008
関哲行「近世スペインにおけるモリスコ問題とその歴史的射程」『社会学は面白い！――初めて社会学を学ぶ人へ』流通経済大学出版会　2010
関哲行「第二次アルプハーラス反乱再考――レコンキスタ運動はいつ終焉したのか」神崎忠昭編『断絶と新生――中近世ヨーロッパとイスラームの信仰・思想・統治』慶應義塾大学出版会　2016
立石博高他編『スペインの歴史』昭和堂　1998
林邦夫「中世スペインのマイノリティ――ムデハル」樺山紘一他編『岩波講座世界歴史 8　ヨーロッパの成長――11―15世紀』岩波書店　1998
ハイム・ヒレル・ベンサソン（村岡崇光訳）『ユダヤ民族史』六興出版　1977
レオン・ポリアコフ（合田正人・菅野賢治監訳）『反ユダヤ主義の歴史』（全 5 巻）筑摩書房　2005～07
Acosta Montoro, J., *Aben Humeya, rey de los moriscos*, Almería, 1998.
Beinart, H., *Los judíos en España*, Madrid, 1992.
Brockmann, Thomas, und Dieter J. Weiß (Hg.), *Das Konfessionalisierung-paradigma. Leistungen, Probleme, Grenzen*, Münster, 2013.
Cabrilla, N., *Almería morisca*, Granada, 1989.
Casey, J., *Early Modern History. A Social History*, London, 1999.
Gerber, J. S., *The Jews of Spain. A History of the Sephardic Experience*, New York, 1992.
Kaplan, B. J., *Divided by Faith. Religious Conflict and the Practice of Toleration in Early Modern Europe*, Cambridge, Massachusetts, 2007.
Lacave, J. L., *Sefarad, sefarad, la España judía*, Barcelona, 1987.
Longás Bartidas, P.,*Vida religiosa de los moriscos*, Granada, 1990.

Motis Dolader, M.A., *La expulsión de los judíos del Reino de Aragón*, vol. II, Zaragoza, 1990.
Ruiz, T. F., *Historia social de España, 1400–1600*, Barcelona, 2002.
Valencia, P. de, *Tratado acerca de los moriscos de España*, Málaga, 1997

第Ⅱ部

第4章

小岸昭『マラーノの系譜』みすず書房　1998
関哲行「中近世の地中海と大西洋世界におけるユダヤ人共同体――比較マイノリティー論の可能性を含めて」『流通経済大学社会学部論叢』第10巻第1号，1999
関哲行「スファラディム・ユダヤ人」駒井洋・江成幸編著『ヨーロッパ・ロシア・アメリカのディアスポラ』明石書店　2009
関哲行「中近世イベリア半島における宗教的マイノリティーの移動」長谷部史彦編著『地中海世界の旅人――移動と記述の中近世史』慶應義塾大学出版会　2014
関哲行「第二次アルプハーラス反乱再考――レコンキスタ運動はいつ終焉したのか」神崎忠昭編『断絶と新生――中近世ヨーロッパとイスラームの信仰・思想・統治』慶應義塾大学出版会　2016
Beinart, H., *Los conversos ante la tribunal de la inquisición*, Barcelona, 1983.
Böhm, G., *Los sefardíes en los dominios holandeses de América Sur y del Caribe*, Frankfurt am Mein, 1992.
Carrete Parrondo, C., *El judaísmo español y la inquisición*, Madrid, 1992.
Faur, J., *In the Shadow of History. Jews and Conversos at the Dawn of Modernity*, New York, 1992.
Israel, J. I., *European Jewry in the Age of Mercantilism, 1550–1750*, London, 1998.
Mena García, M. del C., *Un linaje de conversos en tierras americanas*, León, 2004.

Netanyahu, B., *Don Isaac Abravanel*, Philadelphia, 1972.
Roth, C., *The House of Nasi. Duke of Naxos*, New York, 1948.
Roth, C., *Doña Gracia of the House of Nasi*, Philadelphia, 1977.

第5章

踊共二『改宗と亡命の社会史――近世スイスにおける国家・共同体・個人』創文社　2003
踊共二「ジャン・ジャック・ルソーの旅路――『改宗と亡命の社会史』によせて」『創文』461号，2004
踊共二編『アルプス文化史――越境・交流・生成』昭和堂　2015
浜名優美『ブローデル「地中海」入門』藤原書店　2000
ルソー（今野一雄訳）『エミール』（上・中・下）岩波文庫　1962，1963，1964
ルソー（桑原武夫訳）『告白』（上・下）岩波文庫　1965，1966
Baserga, Giovanni, *Una cronaca inedita dell Ospizio del San Gottard*, Bellinzona, 1906.
Brucker, Nicolas（éd.）, *La conversion. Expérience spirituelle, expression littéraire*, Bern, 2005.
Fransolini, Mario, *Der St. Gotthard und seine Hospize*, Bern, 1982.
Friedrich, Markus und Alexander Schunka（Hg.）, *Orientbewegnungen deutscher Protestanten in der Frühen Neuzeit*, Frankfurt am Main, 2012.
Kocher, Aloïs, *Der alte St. Gotthardweg. Verlauf, Umgehung, Unterhalt*, Freiburg, 1951.
Uffer, Leza M.（Hg.）, *Peter Füesslis Jerusalemfahrt 1523 und Briefe über den Fall von Rhodus 1522*, Zürich, 1982.

第6章

関哲行「中世末期スペインのユダヤ人初等教育」浅野啓子・佐久間弘展編著『教育の社会史――ヨーロッパ中・近世』知泉書館　2006

関哲行「スペイン」川原温・池上俊一編『ヨーロッパ中近世の兄弟会』東京大学出版会　2014
Blasco Martínez, A., Instituciones sociorreligiosas judías de Zaragoza (siglos XIV-XV). Sinagogas, cofradías, hospitales, *Sefadad*, núm. 49 (1989), núm. 50 (1990).
Cantera Montenegro, E., *Aspectos de la vida cotidiana de los judíos en la España medieval*, Madrid, 1998.
Echevarría Arsuaga, A., *Los moriscos*, Madrid, 2010.
Gallego Burín A., etc, *Los moriscos del Reino de Granada según el Sínodo de Guadix de 1554*, Granada, 1996.
García Pedraza, A., *Actitudes ante la muerte en la Granada del siglo XVI*, Granada, 2002.
Molho, M., *Usos y costumbres de los sefardíes de Salónica*, Madrid, 1950.
Moreno Koch, Y., *Las taqqanot de Valladolid de 1432*, Salamanca, 1987.
Verdet Gómez, F., *Los mudéjares y moriscos de la Hoya de Buñol-Chiva*, Chiva, 2010.

第7章

踊共二「近世ドイツの反ユダヤ主義と親ユダヤ主義――交錯する宗教と政治」甚野尚志・踊共二編著『中近世ヨーロッパの宗教と政治――キリスト教世界の統一性と多元性』ミネルヴァ書房　2014
ハイコ・ハウマン（平田達治・荒島浩雅訳）『東方ユダヤ人の歴史』鳥影社　1999
羽田功『洗礼か死か――ルター・十字軍・ユダヤ人』林道舎　1993
ロニー・ポチャ・シャー（佐々木博光訳）『トレント1475年――ユダヤ人儀礼殺人の裁判記録』昭和堂　2007
Kiessling, Rolf, *Schwäbisch-Österreich. Zur Geschichte der Markgrafschaft Burgau (1301-1805)*, Augsburg, 2007.
Schiersner, Dietmar, *Politik, Konfession und Kommunikation. Studien zur katholischen Konfessionalisierung der Markgrafschaft Burgau*

1550–1650, Berlin, 2005.
Ullmann, Sabine, *Nachbarschaft und Konkurrenz. Juden und Christen in den Dörfern der Markgrafschaft Burgau 1650 bis 1750*, Göttingen, 1999.

第8章

佐藤健太郎「アラビア語とスペイン語のはざまで」佐藤次高・岡田恵美子編著『イスラーム世界のことばと文化』成文堂　2008
関哲行「中近世スペインとマグリブ地方における宗教的マイノリティーの移動」『SOIAS』上智大学アジア文化研究所イスラーム地域研究機構　2013
関哲行「近世スペインにおけるモリスコ問題——同化と異化の狭間に」甚野尚志・踊共二編著『中近世ヨーロッパの宗教と政治——キリスト教世界の統一性と多元性』ミネルヴァ書房　2014
Aguilar, G., *Expulsión de los moriscos de España*, Sevilla, 1999.
Barrios Aguilera, M., *La convivencia negada. Historia de los moriscos del Reino de Granada*, Granada, 2007.
Lomas Cortés, M., *El proceso de expulsión de los moriscos de Eapaña*, Valencia, 2011.
Epalza, M. de, *Jesús entre judíos, cristianos y musulmanes hispanos (siglos VI–XVIII)*, Granada, 1999.
Furío, A., etc, *Entre tierra y fe. Los musulmanes en el Reino de Valencia (1238–1609)*, Valencia, 2009.
García Arenal, M., etc, *Los españoles y el Norte de África, siglos XV–XVIII*, Madrid, 1992.
Gozalbes Busto, G., *Los moriscos en Marruecos*, Granada, 1992.
Al-Hajari (tr.), P. S. van Koningsveld etc., *The Supporter of Religion against the Infidels*, Madrid, 1997.
Llaguno Rojas, A., *La conquista de Tombuctú*, Córdoba, 2006.
Llaguno Rojas, A., *Tombuctú. El reino de los renegados andaluces*, Córdoba,

2008.
Lomas Cortés, M., *El proceso de expulsión de los moriscos de Eapaña*, Valencia, 2011.
Oliver Asín, J., *Vida de don Felipe de África, Príncipe de Fez y Marruecos (1566–1621)*, Granada, 2008.
Valencia, P. de, *Tratado acerca de los moriscos de España*, Málaga, 1997.
Vilar, J. B., *Los moriscos del Reino de Murcia y Obispado de Orihuela*, Murcia, 1992.

第９章

踊共二「アーミッシュの300年――寄留民のアイデンティティ」『福音と世界』第69巻第８号，2014
ドナルド・Ｂ・クレイビル（杉原利治・大藪千穂訳）『アーミッシュの謎――宗教・社会・生活』論創社　1996
坂井信生『アーミシュ研究』教文館　1977
Ausbund, das ist: Etliche schöne christliche Lieder, wie sie in dem Gefängnüss zu Bassau in dem Schloss von den Schweitzer-Brüdern, und von anderen rechtgläubigen Christen hin und her gedichtet worden, Germantown, Pennsylvania, 1767.
Beachy, Leroy, *Unser Leit. The Story of the Amish*, 2 vols., Millersburg, Ohio, 2011.
Bragt, Thieleman van, *Martyrs Mirror. The Story of Seventeen Centuries of Christian Martyrdom From the Time of Christ to A. D. 1660*, Scottdale, Pennsylvania, 1938.
Hohman, John Geroge*, Pow-wows or, Long Lost Friend. A Collection of Mysterious and Invaluable Arts and Remedies, for Man as well as Animals,* Harrisburg, Pennsylvania, 1820.
Hostettler, John, *Amish Society*, 4th ed., Baltimore, Maryland, 1993.
Kraybill, Donald B., Karen M. Johnson-Weiner, Steven M. Nolt, *The Amish*, Baltimore, Maryland, 2013.

Kriebel, David W., *Powwowing among the Pennsylvania Dutch. A traditional medical Practice in the Modern World*, University Park, Pennsylvania, 2007.
Schabaelje, Jan Philipsz, *The Wandering Soul. Or, Dialogues Between the Wandering Soul and Adam, Noah, and Simon Cleophas*, Harrisburg, Pennsylvania, 1859.
Séguy, Jean, *Les assemblées anabaptistes-mennonites de France*, Paris, 1978.
Waite, Gary K., *Eradicating the Devil's Minions. Anabaptists and Witches in Reformation Europe,* Toronto, 2007.

終章

網野徹哉「民族性（エスニシティ）の自己再生――インディオ・スペイン人・「インカ」」歴史学研究会編『「他者」との遭遇』（南北アメリカの500年　1）青木書店　1992
網野徹哉『インカとスペイン帝国の交錯』（興亡の世界史 12）講談社　2008
海老沢有道校註『長崎版　どちりな きりしたん』岩波文庫　1950
踊共二「近世の宗教と政治――日欧比較の一視点」『歴史学研究』2016年２月号
川村信三「地中海から日本へ」河原温・池上俊一編『ヨーロッパ中近世の兄弟会』東京大学出版会　2014
神田千里『島原の乱――キリシタン信仰と武装蜂起』中公新書　2005
小岸昭『隠れユダヤ教徒と隠れキリシタン』人文書院　2002
清水有子『近世日本とルソン――「鎖国」形成史再考』東京堂出版　2012
関哲行「近世のアンダルシーア都市セビーリャにおける黒人兄弟団」『地中海研究所紀要』第４号，早稲田大学地中海研究所　2006
田北耕也『昭和時代の潜伏キリシタン』国書刊行会　1978
中園成生編『生月のかくれキリシタン』平戸市生月博物館・島の館　2000
中園成生「検証を要するかくれキリシタン資料の問題点」『嶽南風土記』

20号，2013
中園成生『かくれキリシタンとは何か――オラショを巡る旅』弦書房　2015
パブロ・パステルス（松田毅一訳）『日本・スペイン交渉史――16―17世紀』大修館書店　1994
平山篤子『スペイン帝国と中華帝国の邂逅――16・17世紀のマニラ』法政大学出版局　2012
フアン・ヒル（平山篤子訳）『イダルゴとサムライ――16・17世紀のイスパニアと日本』法政大学出版局　2000
古野清人『隠れキリシタン』至文堂　1959
堀一郎『民間信仰』岩波書店　1951
宮崎賢太郎『カクレキリシタンの信仰世界』東京大学出版会　1996
宮崎賢太郎『カクレキリシタンの実像――日本人のキリスト教理解と受容』吉川弘文館　2014
Alba Rodríguez, I., *Vida municipal en Manila (siglos XVI–XVII)*, Córdoba, 1997.
Moreno, I., *La antigua hermandad de los negros de Sevilla*, Sevilla, 1997.
Sordo, E., Our Lady of Copacabana and Her Legacy in Colonial Potosi, *Early Modern Confraternities in Europe and the Americas*, Aldershot, 2006.

図版出典

A. Llaguno Rojas, *Tombuctú. El reino de los renegados andaluces*, Córdoba, 2008. 173下
A. Manuel Hespanha(ed.), *Diáspora e expansão*, Oceanos, núm. 29, 1997. 93下, 96
Annie-Paule Quinsac, *Segantini*, Firenze, 2002. 35
Das Trachlenbuch des Christoph Weiditz, 1927. カバー, 17
David Coomler, *The Icon Handbook*, Springfield, Illinois, 1995. 39下
Der Sachsenspiegel in Bildern aus der Heidelberger Bilderhandschrift, ausgewählt und erläutert von W. Koschorreck, Frankfurt am Main, 1976. 41
F. Márquez Villanueva, *Moros, moriscos y turcos de Cervantes*, Barcelona, 2010. 167上
Jean-Jacques Rousseau, Maurice Leloir, *Les confessions*, Paris, 1889. 117
J.G. Hohman, *Der Lange Verborgene Freund. The Original German Version of the Long Lost Friend*, Camp Hill, Pennsylvania, 2010. 198
J. Münzer(trad. R. Alba), *Viaje por Espana y Portugal(1494-1495)*, Madrid, 1991. 59
J. Reglá Campistol, *Historia ilustuada de España*, vol. 4, Madrid, Debate, 1997. 179, 183
Heinz Schilling, *Der Reformator Martin Luther 2017*, Berlin, 2015. 66
Lisa Jardine and Jerry Brotton, *Global Interests. Renaissance Art Between East and West*, London 2000. 39上
M.A. Motis Dolader, *Los judíos en Aragón en la edad media*(siglosXIII-XV), Zaragoza, 1990. 125下
Ministerio de Cultura, *La vida judía en sefarad*, Toledo, 1991. 53上・下左・下右, 81, 83
Ministerio de Educación, Cultura y Deporte, *Lacas Namban*, Madrid, 2013. 215上, 219, 222
Motis Dolader, M. A., *La expulsión de los, judíos del Reino de Aragón*, vol. II, Zaragoza, 1990. 57上
J.R. Magdalena Nom de Déu, *Relatos de viajes y epístolas de peregrinos judíos a Jerusalén*, Barcelona, 1987. 25下
P. Caucci von Saucken(ed.), *Santiago. La Europa del peregrinaje*, Barcelona, 2003. 27上・下
P. de Valencia, *Tratado acerca de los moriscos de España*, Málaga, 1997. 62, 134, 167下
Peter Füesslis Jerusalemfahrt 1523 und Brief über den Fall von Rhodos 1522, hg. von Leza M Uffer, Zürich, 1982. 108
Petra Schöner, *Judenbilder im deutschen Einblattdruck der Renaissance*, Baden-Baden, 2002. 73
Richard Weiss, *Volkskunde der Schweiz*, 3. Aufl. Zürich 1984. 45, 46
R. Sánchez Mantero etc, *Las cofradías de Sevilla en la modernidad*, Sevilla, 1999. 215下
T. Vogt(ed.), *Istanbul*, Zürich, 1990. 93上
関哲行 9上, 25上, 32, 171
踊共二 103上・下, 195上・下, 202

地図

執筆者紹介

関　哲行　せき てつゆき

1950年生まれ
上智大学大学院文学研究科博士課程修了。専攻：中近世スペイン史
現在，流通経済大学社会学部教授
主要著作・訳書
『スペインのユダヤ人——1492年の追放とその後』（共訳，エリー・ケドゥリー編　平凡社　1995），『スペイン・ポルトガル史』新版世界各国史 16（共著，立石博高編　山川出版社　2000），『スペインのユダヤ人』世界史リブレット 59（山川出版社　2003），『スペイン巡礼史——「地の果ての聖地」を辿る』（講談社現代新書　2006），『旅する人びと（ヨーロッパの中世 4）』（岩波書店　2009），『中近世ヨーロッパの宗教と政治——キリスト教世界の統一性と多元性』（共著，甚野尚志・踊共二編　ミネルヴァ書房　2014），『断絶と新生——中近世ヨーロッパとイスラームの信仰・思想・統治』（共著，神崎忠昭編　慶應義塾大学出版会　2016）
執筆分担　序章・第１章・第３章前半部・第４章・第６章・第８章・終章前半部

踊　共二　おどり ともじ

1960年生まれ
早稲田大学大学院文学研究科博士課程単位取得退学。専攻：中近世ヨーロッパ史（スイス・ドイツなど）
現在，武蔵大学人文学部教授
主要著作
『改宗と亡命の社会史——近世スイスにおける国家・共同体・個人』（創文社　2003），『図説スイスの歴史』（河出書房新社　2011），『ドイツ史研究入門』（共著，木村靖二・千葉敏之・西山暁義編　山川出版社　2014），『中近世ヨーロッパの宗教と政治——キリスト教世界の統一性と多元性』（共編著，甚野尚志・踊共治編　ミネルヴァ書房　2014），『アルプス文化史——越境・交流・生成』（編著，昭和堂　2015）
執筆分担　序章・第２章・第３章後半部・第５章・第７章・第９章・終章後半部

忘(わす)れられたマイノリティ
迫害(はくがい)と共生(きょうせい)のヨーロッパ史(し)

2016年5月10日　1版1刷　印刷
2016年5月20日　1版1刷　発行

著　者　関(せき)　哲行(てつゆき)・踊(おどり)　共二(ともじ)
発行者　野澤伸平
発行所　株式会社　山川出版社
〒101-0047　東京都千代田区内神田1-13-13
電話　03(3293)8131(営業)　8134(編集)
http://www.yamakawa.co.jp/
振替　00120-9-43993
印刷所　株式会社　太平印刷社
製本所　株式会社　ブロケード
装　幀　菊地信義

Printed in Japan ISBN978-4-634-64082-5